RENDANHEYI
MANAGEMENT

人单合一管理学

新工业革命背景下的海尔转型

王钦◎著

经济管理出版社
ECONOMY & MANAGEMENT PUBLISHING HOUSE

图书在版编目（CIP）数据

人单合一管理学 ：新工业革命背景下的海尔转型 / 王钦著. -- 北京 ：经济管理出版社，2016.7（2023.11重印）
ISBN 978-7-5096-4492-8

Ⅰ. ①人… Ⅱ. ①王… Ⅲ. ①海尔集团公司—工业企业管理—经验 Ⅳ. ①F426.6

中国版本图书馆CIP数据核字(2016)第147737号

组稿编辑：陈　力
责任编辑：陈　力　丁慧敏　胡　茜
　　　　　梁植睿　侯春霞　许　艳
责任印制：黄章平
责任校对：超　凡　王纪慧

出版发行：经济管理出版社
　　　　　（北京市海淀区北蜂窝 8 号中雅大厦 A 座 11 层　10038）
网　　址：www. E-mp. com. cn
电　　话：(010) 51915602
印　　刷：唐山昊达印刷有限公司
经　　销：新华书店
开　　本：787mm × 1092mm/16
印　　张：15
字　　数：205 千字
版　　次：2016 年 7 月第 1 版　2023 年 11 月第 9 次印刷
书　　号：ISBN 978 - 7 - 5096 - 4492 - 8
定　　价：68.00 元

推荐序

Preface

迎接快步走来的“海尔制”

摆在读者面前的是一本由中国社会科学院青年学者王钦研究员完成的新著。他长期关注、研究“新经济”背景下的企业管理变革，跟踪、调研海尔集团的创新发展，梳理、总结海尔的企业管理变革经验，并撰写了本书。他要求我为他的书写一篇序，我同意了。作为读者，读了本书后，欣然执笔。

我长期关注“新经济”问题研究。1998 年，我提出知识经济是 21 世纪的“新经济”形态的观点，引起了全社会对“新经济”现象和规律的广泛关注和热烈讨论。大家非常关心“新经济”是什么，会对经济社会发展和企业带来怎么样的影响。面对这些问题，2000 年，我针对“新经济”对世界经济、城市发展、企业组织管理的影响撰写了几篇论文，希望学界能够对这个问题进行持续的跟踪研究。

当时，我提出“新经济”是相对“旧经济”而言的。我预测，它会带来世界经济结构的重新组合、市场的重新划分和游戏规则的重新制定，以及企业位置的重新排序。对于企业而言，影响主要体现在三个方面：一是对人的影响，“新经济”背景下劳动的复杂程度会大大提高，知识型员工将会大量涌现，企业将面临如何激发知识型员工潜力的问题，另外企业管理的对象将主要是人（员工），不再是钱和物。二是对组织结构的影响，金字塔形的组织结构很难适应信息、通信技术给企业外部环境带来的巨大变化，因此，如何促进信息共享以及信息拥有者之间的地位平等，就显得非常重要。三是对生产组织方式的影响，大批量、大规模、流水线的生产方式，逐步向更加注重产品的质量、个性化，注重生活品质和适应多层次需求方向发展。当然，这些只是对变化趋势做出的初步判断。

近年来，伴随着移动互联网、智能制造、人工智能、大数据和云计算等新技术的加速应用，我们看到新工业革命正在加速向我们走来，这势必会对公司制度、企业组织结构、生产组织方式、人们工作方式和生活方式产生更加深刻的影响。记得2012年年底，在一次中国社会科学院工业经济研究所博士后出站报告会上，我同王钦研究员讨论过这方面的问题，有过以下一段对话。

他说："先生，您认为'新经济'是否会为现在的企业管理模式带来颠覆性的变革？比如，现在成千上万的工厂、公司还会存在吗？"我说："肯定会产生颠覆性的变革，18世纪的工业革命不是把当时大量存在的手工作坊都'变革'掉了吗？工厂、公司把它们都代替了，我想这次科技、经济的大变革必定也会如此，而且变革的程度会更大！至于怎样变革，取决于两个因素：一是科技进步和生产力的发展状况；二是企业、企业家的实践和理论家的创新。"王钦还告诉我，他正在跟踪研究新工业革命带来的企业管理变革，并重点关注海尔的转型。我表示十分赞同并支持他的研究。

四年过去了，他对海尔的转型实践从观念、方法论和行动三个层面进行了系统梳理、总结和提炼，完成了《人单合一管理学》这本著作。透过这本著作我看到了海尔对管理模式转型做出的探索和取得的成果，经过王钦同志的梳理、加工后，这些成果就更为鲜明了。这些成果之于国内外企业实践和学术界理论研究都是有深远意义的。如果我们说，海尔正在带来一场新工业革命背景下的管理革命也是不为过的，它具体体现在三个方面：

一是"海尔制"的出现是人类工业文明的最新成果。人类工业文明的发展，在一定程度上讲，可以理解为生产组织方式的发展，工厂制、福特制分别是第一次和第二次工业革命的标志性事件。工厂制完成了手工作坊的蜕变，福特制通过流水线实现了大规模生产。在本书中，我们看到海尔的互联工厂和并联生态圈组织方式，正在将大规模定制推广开来，定制化和可视化成为现实。我在想，"海尔制"是否就是新一轮工业革命的标志性事件呢？海尔的实践正在向全世界证明这一点。

二是"人单合一"的管理。在大规模生产背景下，管理者、被管理者、管理手段构成了管理学的研究框架。但在大规模定制背景下，用户无疑是要走进管理的基本框架之中，超越管理者和被管理者的关系，员工和用户的关系，即"人"和

"单"的关系，成为首先要关注的。如果员工不能够找到自己的用户，用户的定制化需求谁来满足呢？合一的方式是灵活、多样化的，海尔的平台和"小微"组织架构，就形成对大规模定制生产组织方式的强有力支撑。其中，"小微"所采取的动态合伙人制度，可以说是对公司制的创新。

三是对企业、员工和用户概念的重新定义。海尔在实践中提出了"企业平台化、员工创客化和用户个性化"等新概念，有很大的创新意义。实际上，海尔正在将企业从一个封闭的组织转变为开放的平台生态圈；将员工从被雇佣者转变为创业者和合伙人；将用户从一个被动的产品接受者转变为全流程参与者。

我认为，在持续跟踪海尔转型实践的基础上，王钦研究员完成的《人单合一管理学》是在"新经济"、新工业革命背景下对管理学发展的一次重要探索，该书向我们展示了以"人单合一"为特征的管理变革。一方面我相信理论会促进实践的探索，另一方面实践又会对理论提出新的挑战，推动理论的发展。我在热烈祝贺本书出版的同时，衷心地希望看到《人单合一管理学》的下一版，因为海尔的实践探索不会停止，新工业革命还会带来很多意想不到的新变化、新事物。

今天的"新"，就是未来的"旧"。我期望王钦研究员作为理论研究者能够不断呈现出更多未来的"新"。

希望王钦和其他年轻的科研工作者，以及本书的广大读者，能够以更大的热情和更大的精力继续关注海尔和"海尔型企业"的实践与创新，不断梳理、总结出它们的创新成果，提出一批新的理念、理论，推动中国工业的更快更好发展，为中华民族的伟大复兴做出更多更好的贡献。

是为序。

李京文
中国二程院院士、中国社会科学院学部委员
2015 年 5 月 25 日

代序
Preface

海尔转型①

今天非常高兴能够参加这一次论坛，我本人就是德鲁克的粉丝，而且我们的企业在整个发展过程中，主要就是学习了德鲁克的思想。因为我发现德鲁克的这些著作，并不是教给你怎么做企业，而是你怎么把企业内的人，即企业内的员工积极性发挥到极致。

因为大家对海尔集团并不太了解，我想简单地介绍一下海尔集团。海尔集团是做什么的呢？是做白色家电，包括冰箱、洗衣机、厨房电器、空调等。我们现在是什么状态？我们已经连续几年被欧睿国际评为全球白色家电第一名。但是大家很难想象，31 年前海尔创业时是什么状态。我是 1984 年接手的这个企业，当时我 35 岁，那时这个企业是一个濒临倒闭的街道小工厂。我刚接手这个企业的时候是冬天，车间里大部分的窗户没了，为什么呢？因为没有钱买煤烤火，所有人把木头窗子卸下来烧火，这是当时企业的情况，而且工资都开不出来，我主要靠借钱开工资。把这么一个工厂发展到现在，我想说“一个公司要变成一家人性化公司，应把员工的积极性发挥到极致”。

其实我学习德鲁克的著作是在 20 世纪 80 年代，那时中国大陆没有一本德鲁克的著作，没有人知道德鲁克是谁。当时我得到的第一本德鲁克的著作是中国台湾地区出版的——《卓有成效的管理者》，这本书的很多观点给我很大的震撼，其中的重点就是：什么是好的管理者呢？好的管理者要把自己和员工的长处都发挥出来，

① 本文是 2015 年 11 月 6 日，张瑞敏在第七届彼得·德鲁克全球论坛（维也纳）上的演讲，本届德鲁克论坛的主题是“呼唤人性：数字时代的管理”，题目是编辑后加的。

发挥到什么程度？发挥到能够把公司的绩效和个人成就协调起来，也就是说，每个人的目标和公司的目标是一致的，每个人的收益和公司的收益是协调的，即把你的能力都贡献出来，公司会发展，个人也会得到更大的价值体现。

在互联网时代，我们把这个理论又往前推进了一步。简单地说就三个方面：一是企业的转型；二是员工的转型；三是用户的转型。

- **企业的转型**

第一个是企业的转型。企业涉及两部分人：内部是员工，外部是用户。我们企业转型，就是把原来像金字塔形的科层制变成一个网络性的组织。其实我觉得传统企业和互联网企业最大的不同，就是传统企业是一个封闭的系统——以自我为中心，但是互联网企业是互联网的一个节点——不是一个封闭的系统。打一个比方说，每个企业就是一台电脑。这台电脑如果接入互联网则无所不能；如果脱离互联网就一事无成，什么都做不到。所以我们就把它接入互联网，企业只是一个节点并将各种资源联合起来。这样的话原来的传统组织就要打破，把整个金字塔形的组织变成一个网络性的组织。所以我们前几年是 8.6 万人，后来我们用两年的时间变成了 6 万人，去掉了 2.6 万人，这 2.6 万人主要包括两部分：一部分是中层管理者，另一部分是 1 万多名工人。因为我们的目标是把工厂变成一个互联工厂，是智能工厂，所以说有很多工人就要去掉。

刚才我们在会议室的时候，一位经济学家说这样是不是很多工人就失业了？其实你可以创造更多的服务，可以创造更多的就业机会。比如，我们改变之后有 9 万辆卡车，每辆卡车有一个司机和一个工人共两个人，9 万辆车就 18 万人，多出 18 万人的就业，所以我觉得不能单纯从一个角度来看。我们这样做了之后，这个组织变成了什么？没有上下级。原来是一级一级的，有高层领导，有中层领导，现在没有了，只有三类人：第一类人叫作平台主，这个平台主就是做创业平台的，它不是一个领导，是为大家都能够在这个平台上面成功创业而服务。第二类人叫“小微”主，“小微”是一个微型的创业团队，这个微型创业团队我们定义最好不超过八个人，这个创业团队就是在这个平台上充分地创业。第三类人叫作创客，就是员工在上面进行创业。

这和传统的企业完全不同，传统的企业是一个他组织，我们这个变成一个自组织，完全自己在这里发展。实际上传统的企业是串联流程，一道一道，你做完交给他，第一组做完交给第二组，第二组交到第三组，一直到最后。现在海尔变成一个并联平台，研发跟销售都在一起，共同为用户创造资源，我们把这个叫作共创共赢的生态圈，大家共同创造共同盈利共同分享，变成一个整体。

- **员工的转型**

第二个是员工的转型，怎么转？员工原来定位是雇佣者和执行者，是被雇佣来工作和执行工作指令的，现在变成创业者和合伙人，是来创业的，我给你提供创业机会，你可以充分地创业。同时，你又是合伙人，如果你做得好，你创业成功，可以入股在这里成为股权持有者。所以我们一下子就让很多员工成为股东。这个和原来是完全不一样的。这个过程我们叫作“三自”。

第一是自创业，第二是自组织，第三是自驱动。所谓的自创业就是你自己发现市场机会并由你来创业。举一个例子，我们有几个员工，他们在网上看到一些意见：有一些妇女怀孕之后，说我怀孕坐沙发上面看电视很不方便，我希望可以躺床上看天花板上面的电视，这就是一个很好的机会。于是，这些人变成自组织，自己组织一个创业团队，团队再整合全球资源。比如技术就是从美国硅谷整合的，关键的零部件是美国的德州仪器提供的，这个产品是由中国武汉光谷的一家工厂来组装的。自己创业，自己找到市场难点，市场难点变成机会，然后自己组织世界资源来解决它。第三是自驱动，自驱动是什么意思？就是公司不再支付工资，他们所有的收入都靠抓住市场机会。所以这样的员工跟传统企业的员工就不一样，传统企业是四个字“选育用留”，我要选一个好的人，然后很好地培育他，培育完以后使用他，使用完以后留用他。现在不是，现在是谁能够完成这个任务谁就过来。

- **用户的转型**

第三个是用户的转型。原来企业面对的是顾客，但不是用户，顾客和用户是两个不同的概念。顾客是一次性交易的终点，我生产出来产品，你来买我的，你拿钱我拿商品交换完就没有关系了。现在变成什么？变成一个互联网的节点。用户可以提出你的意见，我可以根据你的要求来改变，不断地改变来满足你。原来顾客是企业外的，现在用户到企业里面跟我们共同来创造新的价值。所以我们将其叫作用户参与，跟我们企业融合到一起。现在我们的探索持续了几年的时间，今年美国的哈佛商学院把它写成一个案例，而且这个案例最近还受到哈佛商学院师生的欢迎，为什么？因为它就是整个企业发展的一个方向，我认为将来企业都要向这个方向发展。

另外很重要的一点，哈佛商学院的这个案例叫作“与用户零距离”，这像德鲁克先生所说的，就是互联网消除了距离，这是它最大的影响。实际上现在我们所有的改变，例如新技术方面，我认为互联网是最重要的新技术。为什么？因为互联网消除了用户跟企业之间的距离，使两者融合到一起。现在我们这个探索还在进行当中，还有很多很多的困难，毕竟把传统企业改造成这种企业，全世界现在还没有别的企业在做。我们自己在这方面探索，所以也借这个机会跟大家分享我们所做的工作，希望我们的探索得到大家的支持和帮助，谢谢！

张瑞敏

海尔集团董事局主席、首席执行官

目录

Contents

引言 >> 人单合一：海尔管理哲学

企业为什么要转型？

转型的基因从哪里来？

转型解决的核心问题是什么？

人单合一的本质是什么？

转型基因

创业时代

企业——“新物种”出现。1984 年，这是中国企业成长史上一个具有里程碑意义的年份。这一年，诞生了中国第一家股份制企业——北京天桥股份有限公司，第一家公开发行股票的企业——上海飞乐音响股份有限公司。另外，海尔、联想、万科和健力宝等一批企业也都成立于这一年。在中国，企业这个“物种”出现了。

大家会问，之前中国就没有企业吗？20 世纪 80 年代初，日本经济学家小宫隆太郎教授在对中国考察结束之后做出了“中国没有企业”的断语，其理由是中国当时所谓的“企业”不具有企业的基本特征。一位参加这次调研的中国学者回忆了当时的场景，在调研结束的座谈会上，当小宫隆太郎教授对中国政府官员说出这句话时，大家都愣住了，一时间好像空气都凝滞了，半晌后大家才惊醒，当时的中国企业连基本的“独立性”都没有，何谈企业家精神。没有经济目标、没有企业家精神的企业还是企业吗？这就是当时中国企业这个“种群”的基本现实和起点。

改革和创业是 1984 年的关键词。这一年，改革开放大潮涌动，邓小平同志先后视察深圳、珠海和厦门经济特区。1984 年 1 月 26 日，他视察深圳时题词："深圳的发展和经验证明，我们建立经济特区的政策是正确的。"1 月 29 日，他视察珠海时题词："珠海经济特区好。"2 月 9 日，他视察厦门时题词："把经济特区办得更快些更好些。"无疑，这是对改革开放信号最直接、最生动的释放。紧接着 2 月 10 日，全国经济工作会议召开。再后来，一系列有关对坚持开放、对企业放权的政策发布。创业者天生具有冒险精神以及对机会敏锐的洞察力，这一年，张瑞敏、柳传志、王石和李经纬等人相继开启创业之旅。

创业者

企业即人，人即企业。这八个字是张瑞敏对管理实践的总结，本意是强调人对于企业的重要性。但换个角度看，这也不能不说是他自己亲身经历的感悟，而这种感悟又潜移默化地渗透到企业中去，成为企业的基因。1984 年，张瑞敏 35 岁，是他人生"变轨"的时刻。他是"老三届"毕业生，高中毕业后进入工厂，从工人到班组长、车间主任，再到副厂长，后来又到青岛市家电公司工作。就这样一步一步走来，用现在的话讲，是地地道道的"草根"，本可以在家电公司副经理的岗位上过着"一杯茶、一张报"的日子。但这显然不是张瑞敏的内心所想，因为他信奉人的一生不能碌碌无为，不能按照老的路子一直走下去，总要干点事情。

人生"变轨"。1984 年，张瑞敏分管青岛日用电器厂。这个厂当年换了三任领导，没有人愿意去，实在找不出人了，后来就自己顶上去了。这对个人和家庭而言，都是一个高风险的决策。一个基本事实是，没有了工资收入会影响到自己家庭的吃饭问题。因为到工厂工作就意味着工资关系要迁到厂里，等于从一个衣食无忧的地方到了一个非常困难、连工资都没有保障的地方，可以说是自断后路。在一次访谈中，张瑞敏也坦言，当时真没想到要干名牌、做出什么事业。当时的目标很实际，就是为了生存，解决工人吃饭问题，给工人发得出工资。好在当时爱人还很理解和支持，自己也就无所谓了，本来就是工人，大不了再当回工人。无疑，在人生“变轨”的过程中自然会流露出求变的心态、担当的精神以及自断后路的勇气，这些个人特质都潜移默化地渗透到后来海尔的成长过程中。

人以群分。1984 年，43 岁的杨绵绵在青岛家电公司技术科工作。张瑞敏回忆，当时杨绵绵是从青岛重工局调来的，来的时间虽不长，但工作成绩突出。因为自己分管技术口，彼此之间打交道就多一些。在张瑞敏做出去青岛日用电器厂的决定后，就动员她一块儿过来，刚开始杨绵绵也有些犹豫，因为这边是安逸的生活，而那边的工作看不见有什么希望，但最终她还是决定加入到创业的团队中来。当回忆起这段往事时，杨绵绵说，当时就是冲着张瑞敏是个干实事、想干事的人。想干事的人聚在了一起，他们身上的创业者特质自然能融入海尔，成为海尔特有的基因。

主动求变

涅槃重生。30 多年来，中国企业谦虚学习、艰辛探索、加速赶超，不断做大、做强，并在国际市场上崭露头角。1984 年，张瑞敏临危受命，接任当时已经资不抵债、连续几个月发不出工资、濒临倒闭的青岛电冰箱总厂厂长。张瑞敏一上任，“欢迎”他的是 53 份请调报告。他回忆说，当时就是往工厂院子里扔个手榴弹，也炸不死个人。因为发不出工资，工人也就不来上班了。经过 30 多年创业，这家亏损 147 万元人民币的集体所有制工厂已经蜕变成为全球营业额 326 亿美元（截止到 2015 年）的国际化企业，连续七年蝉联全球大型家电第一品牌（见图引-1）。

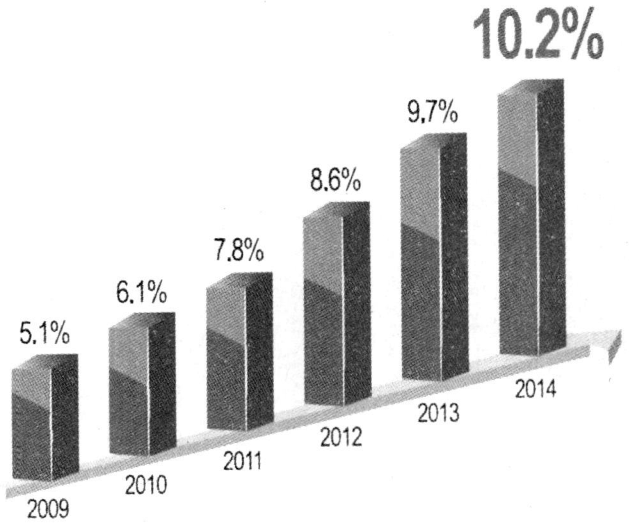

图引-1　海尔在全球大型家电市场的占有率

资料来源：欧睿国际。

红海求生——1%的生存率。中国家电市场的竞争已经很难用“激烈”这个词来描述，说“血拼”也是不为过的。家电市场是中国最早开放，最早同时面临来自国内和国外力量竞争，最早打价格战的市场。20世纪80年代末，全国已经有100多家家电企业，海尔只能算是搭上了当时技术引进的“末班车”，千方百计争取到了全国最后一条冰箱生产线引进的指标。到了20世纪90年代中期，家电企业数量更是猛增到四五百家，竞争激烈程度可想而知。当时一些耳熟能详的企业品牌，现在早已淡出人们的视野。如果按照生存率来计算，今天存活下来的企业只有1%左右，可谓百里挑一。

“求变”突破。在红海市场中，海尔走出了一条“不同寻常”的“求变”之路。由于产品畅销，很多企业都在追求产量时，海尔则是“砸出”了质量意识，并强调品牌制胜；当其他企业强调单一产品时，海尔则以“吃休克鱼”的方式实现了多元发展；在别的企业强调出口创汇时，海尔则以出口“创牌”开启了国际化战略。2004年海尔已经稳坐国内家电市场第一，紧接着2005年它又开启了新管理模式探索——人单合一双赢，并开始进入第四个战略阶段——全球化战略阶段，在2009年实现全球大型家电市场占有率第一。2012年，面对移动互联网的迅速发展，海尔又提出了网络化战略转型，并加速推进人单合一双赢管理创新。

创新加速。2015年1月8日，在海尔30周年庆暨互联网模式创新国际研讨会上，沃顿商学院马歇尔·迈耶（Marshall Meyer）教授作为海尔成长的见证者和研究者，跟踪研究海尔10多年，他说，海尔的成长过程是一个加速成长的过程。前20多年，海尔通过快速的学习和应用，走完了老牌企业百年的成长道路。在成为世界领军品牌之后，海尔步入高速迭代的管理创新阶段，加速探索着新的管理模式，不断从实践出发，向现有理论发起挑战，用实践为理论发展指明新的方向。

永恒命题：企业如何持续成长

大企业成长的“魔咒”

持续成长之困。做大、做强可能是萦绕在大多数企业家心头的一个问题，甚至是一种梦想和追求。但是，一个更本质、更永恒的命题应该是如何做久？即企业如何持续成长？如果说做大、做强只是企业成长的开始，那么做久的考验则是长期的。同时，对于相当数量已经做大、做强的领先企业来说，这种考验更显残酷。因为现实是它们往往已经积累了一定的资源，处于繁荣的顶峰，而且还在很努力地进行创新，但结果却遭受了灭顶之灾。

城头变换大王旗。在模拟通信时代，摩托罗拉是王者；到了数字时代，诺基亚则成为新的王者；而到智能时代，苹果又跃升为新的王者。下面谁又会是新的王者呢？苹果又能坚持多久呢？让我们拭目以待。再如，柯达曾是影像材料行业的王者，也是数码技术的发明者，但是当数码时代到来时却在市场大潮中轰然坍塌。面对新技术的加速应用，这些领先的大企业似乎都遇到了成长的“魔咒”。破坏性创新理论的提出者，哈佛商学院克莱顿·克里斯坦森（Clayton M. Christensen）教授将其描述为“创新者的窘境”。

“商业地震”袭来

地震前的寂静。当蒸汽机、电报、电话和内燃机这些新技术出现时，即使当时最有洞察力、最有前瞻性的观察家也没有意识到这些技术的力量，以及这些技术对人类社会所产生的革命性影响。即使是被誉为“现代经济学之父”的亚当·斯密，在其著作《国富论》中对同时代蒸汽机的出现也是视而不见的，更没有意识到蒸汽机会开启一个新时代，改变人类的生产、生活方式，乃至社会结构。

数据统治的世界。今天，我们同样看到了一场宏大技术变革的曙光，大数据、智能制造、移动互联和云计算（简称“大智移云”）等新技术的加速应用，使得数据收集、存储、处理和连接变得更加容易，这些数字技术正以指数级的速度在飞速发展，数字化商业基础设施正在加速形成。通俗地讲，互联网正像电网、高速公路一样成为人类社会不可或缺的基础设施。数据成为最重要的生产要素，数据决定资源组合，决定其他生产要素贡献的价值。未来，我们看到的将不再是那些石油巨人、钢铁巨人，而是数据巨人；未来，财富的钥匙将不再是石油和黄金宝藏，而是用户资源数据。

“看不见”的竞争对手。面对数字化商业基础设施的加速形成，企业势必走上一条会不时发生数字破坏（Digital Disruption）的创新发展之路，这也就要求我们要超越现有产业边界来认识竞争。因为，产业的边界变得模糊，竞争对手往往来自现有产业之外，重塑产业规范和边界成为企业的能力要求，而不仅仅是巴菲特告诉我们的要深挖“护城河”。未来的竞争对手可能直接就从空中发起攻击，而不是我们设想的地面进攻。因为，在数字商业情景下，竞争维度变成了“物理 + 数字”维度，“护城河”的概念随之也就发生了变化，除了“深挖”之外更需要考虑“连接”。如果还仅仅停留在物理空间识别竞争对手，那就远远不够了。

“三无”冲击。无章可循的战略、无法控制的增长、无可阻挡的发展，这是“大爆炸式破坏性创新”理论提出者拉里·唐斯（Larry Downes）和保罗·纽恩斯（Paul Nunes）对数字化商业地震所带来冲击的描述。数字化商业地震要求我们必须进行价值链或价值网络重构，要求我们跳出现有产品、产业，甚至现有用户的边界去思考为用户提供的产品和服务。谷歌公司基于对海量数据的掌握，率先研制出无人驾驶汽车以迎接智能交通时代的到来，这为最不愿意变革的汽车业巨头敲响了警钟。特斯拉按照硅谷的思路重新定义了新能源汽车，使特斯拉看起来就是一个数字化产品，而不是传统意义上对汽车的理解。还有，亚马逊对于传统书店、出版和百货业带来了挑战，以及优步（Uber）、Airbnb 在不经意间已经对出租车和酒店业形成了冲击。这样的冲击对海尔又意味着什么?

下一个会是海尔吗?

“花落去”与“燕归来”。2012 年 10 月，在对张瑞敏的访谈中，问及“海尔历次战略变革是如何形成的，以及海尔的战略变革决策为何总是选择在繁荣期做出”这个问题。张瑞敏引用了北宋词人晏殊《浣溪沙》中“无可奈何花落去，似曾相识燕归来”的词句，表述在决策时的思维情景。“花落去”和“燕归来”是两种截然相反的生命状态，前者有着感伤和无奈，后者却饱含着生命的希望和温暖。之于企业则是繁荣和衰败并存，而且繁荣的顶峰就是衰败的开始。

谈到这一点，张瑞敏举了一个例子。20世纪80年代，国内名牌永久自行车、标准缝纫机都是炙手可热的产品，大家需要凭票购买，而且一票难求，但现在都淡出了人们的视野。就好比奥运会冠军站在领奖台上的那一刻已经昭示着危机的开始，蝉联奥运会冠军的毕竟是少数。同样，企业不可能依赖一成不变的管理、技术和产品实现永久的繁荣和成功，繁荣本身就已经昭示着危机。成功总是相对的，也是属于过去的。

强烈的危机意识。海尔会不会一下子轰然倒塌？如果抱着所谓“成功的思维定式”、“取得的成绩”、“积累的资源、能力和优势”不放，那么一定无法避免“无可奈何”的结局。时代犹如大海中的潮水，时刻在发生着变化。企业就像冲浪手一样，如果你只想保持一种姿势就永立潮头，那是不可能的，最终只会被淹没在大潮中。海尔青岛崂山园区一进门就可以看到一幅巨画——大海中的滔天巨浪。它在诉说着什么？警示着什么？是勇立潮头，还是被巨浪淹没？在张瑞敏的办公室里放着一期《哈佛商业评论》的封面照片——一座大厦瞬间轰然倒塌。他也常用“没有成功的企业，只有时代的企业”这句话提醒着自己和全体海尔人。

海尔一路走来，经历了20世纪90年代翻天覆地的供求格局变化，从供不应求快速转换为供过于求；经历了21世纪初的家电连锁渠道之变，那时一不小心“脖子”就会被别人卡住；经历了2008年的国际金融危机，提前做到DC库（配送中心库）零库存。面对时代变革，只有向前看，放弃对已经取得的成功的幻觉，主动求变，才能寻找到新的“生命循环”，避免出现“无可奈何”的感伤，这样才不会倒下。韩国学者金麟洙（Linsu Kim）教授在研究三星从模仿向创新转变时发现，正是不断强化的危机意识才促使了三星在面板显示器和DRAM（动态随机存储）时代保持领先。

用户选择权的挑战

今天，我们正处在一个新技术加速应用，生产、生活方式快速变革的时代。有人用 VUCA，即易变性（Volatility）、不确定性（Uncertainty）、复杂性（Complexity）和模糊性（Ambiguity）来概括当今世界。实际上，在 VUCA 的背后，最根本性的变化是企业和用户之间关系的变化。在数字化商业情景下，用户拥有了更大的选择权。用户价值不是静止和固定的，而是越来越不为企业所控制，其价值不仅仅取决于产品和服务，更取决于选择空间（Choice Space）。形象地讲，就是企业变化的速度必须要跟上用户点击鼠标的速度。如果跟不上这个变化的速度，用户就不会给你投票，企业就将被淘汰。因此，未来企业之间的竞争，本质上是用户选择权的竞争。

口惠而实不至：无法做到的“常识”。多少年来，尽管所有的大企业都在口口声声说“以用户为中心”，但是在行为表现上都是“以企业为中心”。一个基本的事实就是，所有的大企业基本上都是在制造库存，在为仓库生产，为经销商生产。因为，企业在生产产品时并不知道用户是谁，不是真正意义上按用户需求生产，顶多算是按经销商需求生产，企业和用户之间的关系是割裂的，用户只是产品或服务被动的接受者。为什么知道而做不到？因为这是由规模经济规律决定的，是由企业资源和能力决定的。一旦形成习惯，就很难打破这种惯性，很难打破既有价值网络的锁定。

大船掉头难。牵用户一发要动全身，动起来实属不易。大企业已经形成的研发、制造、销售和供应体系牢牢地将企业锁定在“以企业为中心”的位置上，当天平的另一端即用户侧翘起时，在供给侧的企业往往难以放下沉重的身段，不能随用户需求而动，不可避免地表现出组织僵化，也有人将它称为“大企业病”。长期形成的习惯，形成的资源优势，形成的业务流程，要改是非常痛苦的，这种惯性太大了。

有的时候即使企业领导人意识到了要改，要打破组织僵化，往往也是很难推动的。即使你使出全力猛地推一把，这个力量也会很快在组织层级中耗散掉，消失得无影无踪，有人形象地将这种现象称为“空气三明治”。同样，这也是海尔遇到的，并且不容回避的问题。

人单合一的本质

破解组织僵化难题

世纪管理难题。20 世纪 20 年代，人们首先遇到企业规模扩大、产品线丰富带来的企业组织问题；到 20 世纪 70 年代，生产过剩和新技术的出现使组织再次面临困境，环境快速变化对组织的影响日渐突出。管理理论发展也就重点围绕组织外部环境的认识和组织自身的适应能力展开。例如，迈克尔·波特（Michael E. Porter）在《竞争战略》中从“五力”来认识竞争环境；克里斯·阿吉里斯（Chris Argris）在《组织学习》、加里·哈默（Gary Hamel）在《竞争大未来》和《终极竞争》中则是更多地从组织内部出发适应环境的变化。再到后来研究者提出在破坏性创新（克莱顿·克里斯坦森，1997）、大爆炸式创新（拉里·唐斯和保罗·纽恩斯，2014）环境中的组织适应问题。在当今数字化商业变革的环境下，组织僵化问题变得越发突出。如果组织变革不能跟上外部环境的变化，那么企业必将面临“生”与“死”的考验。

超越管理者和被管理者的分析框架。纵观 100 多年的管理发展史，基本上是在管理者和被管理者的主体框架下，遵循着管理职能动态平衡的逻辑，基于亨利·法约尔（Henri Fayol）提出的计划、组织、指挥、协调和控制五大管理职能，进行管理职能内涵的丰富和内容的增减，以及管理职能间的调整和组合。德鲁克说，管理本身是由管理工作的内容来定义的。所以，今天大家讨论的管理，更多地则是由管理职能来定义的管理。显然，这时管理在一定程度上已经等同于管理职能的强化或调整。从这一逻辑出发非但不能破解组织僵化的难题，反而会带来组织僵化问题的加剧。基于管理职能出发的管理从来都是与用户选择权相分离的，它的核心是企业选择权。

企业同用户间的“鸿沟”。在管理者与被管理者的主体框架下，管理者和被管理者之间是博弈关系，管理手段主要是解决彼此间的博弈问题。或者说，解决博弈问题就成为管理的主要工作。而反映用户需求的市场信号却很难进入组织，即使进入也是迟缓的、有选择的和大打折扣的。因为被管理者首先是听命于管理者的，与用户无关，而管理者本身又远离用户。在管理者和被管理者嵌入的金字塔形组织结构中就如同有一道会不断变宽的“鸿沟”，越是强化所谓的管理，这个“鸿沟”就变得越宽，就越将企业和用户割裂开来，企业自然也就无法对市场环境变化做出快速响应。事实上，金字塔形（或者说正三角形）组织结构的锁定有利于管理职能的强化，但却导致组织僵化问题愈演愈烈。在组织结构锁定的状态下，无论是管理者还是被管理者的行为都是很难发生变化的，上级领导是绝对优先的，用户始终是排在后面的。在企业中我们会经常听到一句话，今天领导又说了什么什么，不是吗?

在实践中持续探索。激发员工的活力，导入市场信号，强化企业对市场环境变化的适应性，围绕这一目标的探索在海尔从来没有停止过。比如，从20世纪80年代的以员工命名创新，到20世纪90年代的自主管理班组建设，再到21世纪初的战略业务单元（SBU）的探索。

2005年，海尔正式启动“人单合一双赢”模式实践，再一次向组织僵化难题发起了挑战。这一次海尔想摆脱管理者和被管理者之间的博弈关系的束缚，通过拉近员工和用户之间的关系，用最直接的用户评价而非领导评价来重构管理体系，重构资源配置的方式，建立“端到端”的竞争力，形成企业对市场环境、员工对用户需求的实时响应。

回归常识：聚焦“人”与“单”

再聚焦。“人单合一双赢”这多少是有些让人感觉生僻、读着拗口，但它恰恰击中了组织僵化难题的核心，是海尔管理哲学的本质所在，也使我们对管理本质的认识回归到常识上来，即紧紧抓住用户价值和用户价值的创造者——员工。简单来讲，“人”就是员工，“单”就是用户价值，“合一双赢”就是员工和用户价值融为一体，在为用户创造价值的同时获得自身价值。2012 年，伴随着海尔进入第五个发展战略——网络化战略阶段，“人单合一双赢”管理模式升级为“人单合一 2.0——共创共赢生态圈模式”。“人”从员工升级为利益攸关各方，“单”从用户价值升级到用户资源，“合一双赢”升级为“合一共赢”，最终目的是实现共创共赢生态圈的多方共赢增值。

管理的重点从管理者和被管理者身上，重新聚焦到员工和用户身上。德鲁克说，企业存在的价值就是创造顾客。不论在管理者和被管理者的框架下演绎出多么复杂和高深的管理手段和工具，一个不可忽视的现实就是企业要创造用户价值。然而在运用这些管理手段和工具的同时，用户价值却在逐步远离管理者和被管理者的视野。因此，如何在员工和用户之间建立零距离的关系就成为人单合一管理的焦点和追求的终极目标。

“单”：“用户”驱动。“以用户为中心”，是海尔的信仰。海尔价值观的第一条就是自以为非，即始终以用户为是、以自己为非。他们认为，没有用户就没有企业的存在。这就像灵魂一样，存在于海尔的管理之中。在各种物质形态的背后，总可以发现精神实质——用户价值。近期，海尔建成了冰箱、洗衣机和空调智能互联工厂，实现了人与机器、机器与机器、人与人的相互连接，这在全球家电领域中尚属首例。事实上，在我们看到这些先进智能设备和用户个性化定制的背后，本质是用户驱动的机制创新，是用户在研发、制造和营销等环节的全流程参与。

"人"：从"两分"到"合一"。在现实中，企业员工一方面是产品或服务的提供者，另一方面又是产品或服务的使用者，同时具有员工和用户两种社会角色。在企业组织存在严格边界的前提下，企业员工的角色同用户角色产生了分离，被严格嵌入到企业内部的分工体系中，成为企业组织这个庞大系统中的一个"齿轮"，已经远离了用户角色。事实上，这种分裂是创造用户价值的根本性障碍。在员工被"物化"之后，用户是很难不被"物化"的。

管理工作从哪里来？这是我们经常认为自己知道，但又回答不清楚的一个问题。实际上，有很多管理问题正是产生于这种分离，或者说是由于"两分"而产生的矛盾。为了解决其中各种各样的矛盾，就产生了现在的管理工作。尤其是当企业员工被当作"工具"、"物"对待时，这种"两分"的异化就更加突出。这时，作为企业员工已经彻底丧失了用户的角色，只是听命于上级的一个会说话的"物"。特别是在数字化商业情景中，当用户拥有更多选择权时，这种"两分"造成的矛盾就更加突出。因为用户参与，或者说用户角色员工化已经是用户行使选择权和用户价值的一部分。自然，如何从"两分"走向'合一"就成为管理者需要重新反思的问题。"人"本应该成为管理的目的，而不是管理的工具。康德曾说过，人是目的不是工具。

"合一"：人性使然。新工业革命的兴起，使"合一"具有更大的可能性。计算机模拟仿真、数字制造、3D 打印和云计算等新技术的加速应用，使得员工和用户角色更加高度重合，员工用户化和用户员工化已经逐渐成为趋势。一个现在看来较为极端的例子，就是以个人和家庭为单位的微制造组织的大量出现，个性化制造得以实现。大家担心的设计和制造成本问题，都将随着上述技术的应用和发展逐步消除。

还有，现在风起云涌的创客运动（Maker Movement），其中一个根本性的原因就是“我的产品，我制造”理念在人们心中的爆发，这是人性的本质使然。在同创客概念的提出者克里斯·安德森（Chris Anderson）交流时，他最常谈起的一件事情就是小时候爷爷带着他在家中操作机床，并自制自动喷灌装置，这对他的思想和行动都产生了深刻的影响，唤醒了他心中那颗创客的种子。

自驱动、自组织、自演进

员工与用户的自主性。知易行难，“人单合一”说起来容易，就是员工首先要找到自己的用户，为用户创造价值，在为用户创造价值的同时获取自身价值。但是，现实中员工在企业中找到上级容易，而找到用户却很难。你的用户在哪里？这个问题是大多数员工都无法准确回答的，更何谈为用户创造价值呢？用海尔的语言讲，就是首先要搞清楚你的“单”是什么。但是，现有的大多数企业所采用的组织结构和管理体系都是不支撑人单合一的。首先，员工只是命令的被动接受者，日积月累在金字塔形组织中已经成为一个“从动”的“齿轮”；其次，用户也只是产品和服务的被动接受者。如何激发员工和用户两者的自主性、发挥两者的潜力，就成为人单合一管理破题的关键。

员工自驱动。一线团队活力和战斗力不足是组织僵化的典型表现。因此，海尔重新思考组织内“上”和“下”的关系是什么，思考员工的活力从哪里来。通过不断赋权让一线员工拥有实实在在“三权”（决策权、用人权和分配权），从而形成自下而上的倒逼机制，倒逼管理体系的改进，在“控制”与“自主”之间寻找到新的平衡点。

为了做到这一点，海尔经历了从自主经营体到利共体再到“小微”组织三个阶段，探索着“三权”的载体。可以说，未来的商业战争是一线团队的战争。一线团队直面用户和市场，如果他们不能快速做出响应，企业将失去市场和存在的价值。但是，光有载体是不够的，要让“三权”落地，没有组织结构的变化是不可能实现的。不打破金字塔形的组织结构，就无法打破权力的锁定。海尔从金字塔形组织，转变成为倒金字塔形组织，进而又转变成为平台型组织，使企业从一个封闭的组织转变成为开放的创业平台。改变了原来组织中“上”和“下”的关系。其中很重要的一方面就是引入了用户评价机制，将原有的上级领导配置资源的方式转变为用户驱动的资源配置方式。海尔的组织变革从来没有停止过，因为他们追求的是员工机会公平、结果公平的组织制度环境。只有如此，才能保持组织的活力，才能形成员工自驱动的基础。

资源自组织。封闭的组织常常会导致组织内部熵值升高，出现光发热不做功的现象，这是组织僵化的典型特征。因此，海尔需要重新思考内部和外部之间的关系，打破组织的边界，做到资源的开放，引入负熵，为组织注入活力。

用户资源观。长期以来，资源基础观的学者更多地是从供给侧来考虑，以此作为企业战略的边界，并将资源范围界定在企业内部和相关的上游企业。对于资源边界的理解，直接决定了价值创造的范围和方式，无疑需求侧资源在上述理论中没有得到重视。海尔在人单合一管理实践中，让用户从企业外部走向企业内部，让用户资源内化为企业的战略性资源。在雷神、免清洗等产品的具体实践中，从具体行为上讲，用户已经内化为企业员工。用户资源的引入，实际上是为组织引入了负熵，直接输入了用户信息，这将更有效地促进组织行为的改进。

让外部一流资源无障碍进入。对于外部研发、供应链、风险投资等各种资源，海尔通过建立开放平台（比如HOPE、海达源、海立方等），让这些一流资源能够无障碍进入，并快速组合为用户创造价值。外部资源作为负熵，能够有效促进组织的资源优化，打破组织僵化的局面。

实际上，供给侧和需求侧资源的引入，为组织引入了负熵，形成更深层次的信息交互。这就为组织资源自优化，实现自组织而不是他组织创造了条件。

组织自演进。在海尔的人单合一管理实践探索中，“人”、“单”、“酬”是三个核心管理要素，“按单聚散、高单聚高人、高人拿高酬、单酬自推动”是“人单酬”循环的基本原理，最终目的是要实现组织的自演进。

生态圈成长。海尔是一个一体化的大型企业还是一个平台型的企业？这就好比，海尔是做一棵参天大树还是一片森林呢？往往在一棵大树下，其他物种是很难获得阳光而生长的，所以在大树下没有比它更高的植物。参天大树可能会老去，而森林将会生生不息地演进下去。因此，构建生态圈，吸引多样化的物种到生态圈中来，进行更加快速、有效的资源协同，为用户创造价值就成为人单合一管理所要解决的问题。显然，要做到这一点需要超越原有的计划思维，引入演化思维。

无疑，“单”（也就是用户价值）成为生态圈中最重要的要素，以“单”为中心，“人”可以进行聚散。此时，“人”的外延也在扩大。除了员工之外，它是一切可以创造用户价值的利益相关方。只要大家在用户价值主张上具有一致性，同时彼此之间可以互补，那么这个生态圈就可以团结一切可以团结的力量。自然，共创共赢就是生态圈运行和治理的机制，“酬”就是具体体现，可以采取资本、交易等多种形式。在生态圈中，各个主体共创共享价值。海尔从用户最根本的需求出发，形成了食物、水、空气、健康和娱乐等多个生态圈，在生态圈中万物可以生长。

“小微”自演进。“小微”就是生态圈中的物种，它们在生态圈中野蛮生长。在开放的环境下，市场和用户来检验它们的生命力，适者生存。今天，在海尔除了我们看到的雷神、智慧烤箱、巨商汇、有住等一个个“小微”在生态圈中飞速成长并持续迭代升级之外，一个更让人兴奋，甚至感到有些完全出乎意料的现象，就是一些“小微”就像核爆一样在进行着裂变，“小微”又繁衍出新的“小微”。

未来会出现什么？让我们拭目以待。面对实践，理论始终是灰色的，实践之树常青。但有一点我们可以看到，一幅“员工自驱动、资源自组织、组织自演进”的管理新景象正在呈现出来。

“一分为三”的哲学观

如果我们“形而上”，上升到管理哲学层面看人单合一管理，它具有非常典型的“三元论”特点，采用了“一分为三”的哲学视角，强调存在论、认识论和价值论的统一。“合一”恰恰是事物正、反两面的桥梁，而人性向善——激发人的潜力是最根本的价值追求。在“一分为三”的视角下，管理本身就是一个“正反合”的辩证过程。“合一”就是海尔对管理知识的创造，具体体现在以下三个方面。

首先是对人性的再回归。管理学的百年发展，其中的一条线索就是人和物的平衡。人单合一管理让我们重新思考人和物之间的关系，不是采取在从物看人中寻求解决方法，而是在从人看物中解决问题。

其次是超越管理者、被管理者和管理手段的三要素分析框架，回归常识，将研究对象直接聚焦在“人”和“单”上，探索两者的“合一”。

最后是重新思考组织“上”与“下”、“内”与“外”、“一体化”和“生态圈”之间的关系，寻找连接控制和自主、封闭和开放、计划和演进之间的桥梁。透过海尔管理实践，比如说二维点阵图、人单酬循环、平台和“小微”等方面，我们可以清晰地看到“三元论”的本质。

道德经中讲，“道生一，一生二，二生三，三生万物”。禅宗说，“凡墙皆是门”。在海尔的管理哲学中，我们既可以看到“三生万物”的生生不息，也可以看到探求创新之门的信念、勇气和精神。

海尔正沿着这条路披荆斩棘地走下去，如果你要问为什么，那可能是由海尔人的基因决定的，也可能是时代的呼唤和企业群体的共识。这条道路是孤独的，因为前行的道路是未知的，没有具体的参照物和标杆；这条道路又是不孤独的，因为海尔的同道者越来越多，恰似一条条涓涓溪流正在汇集成江河。如果读者想看清楚它是什么，就请走进下面的章节。因为，海尔正在用管理实践重新定义企业、员工和用户。

观念、方法论和行动

如果非要对人单合一管理实践做出体系性的概括，那么这个体系包括观念、方法论和行动三个层面的内容（见图引-2）。

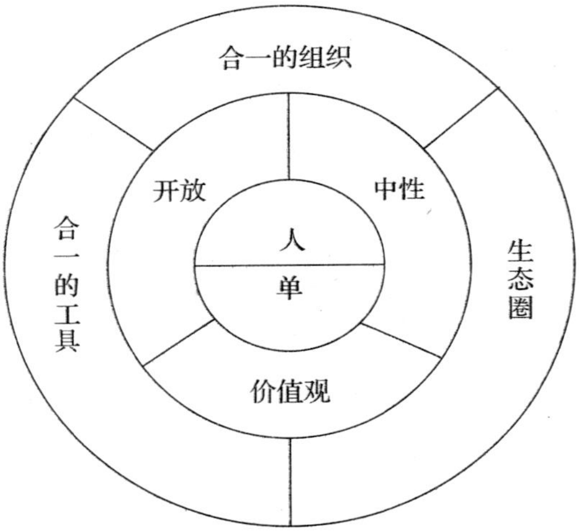

图引-2　人单合一管理

观念。人单合一管理的核心观念就体现在对“人”和“单”两个字的认识上。所谓“单”就是对与用户零距离的终极追求（第一章）；所谓“人”就是企业即人，人人创客的观念（第二章）。

方法论。为了实现“人”和“单”的合一，就需要三大方法论作为指引。一是以价值观作为企业转型的坐标系（第三章）；二是开放，让一流资源无障碍进入（第四章）；三是中性思维拓展转型空间（第五章）。

行动。人单合一管理落地实施的三大行动：一是通过构建平台型组织，实现组织的合一（第六章）；二是以用户为中心发展管理工具（第七章）；三是搭建生态圈，实现生生不息的自演进（第八章）。

结　论

这是一个新技术加速应用的时代，数字化地震正在加速向我们走来，震中求生之道就是转型。转型是一场“生”与“死”的选择，只有通过转型企业才能实现持续成长、打破大企业的“魔咒”。

不转型等死，转型找死，这是我们经常听到的抱怨。转型失败的根源是我们依然抱着“穿旧鞋走新路”的幻想，想用传统理论来认识和适应新世界。在管理者和被管理者的传统管理理论框架中，我们很难寻找到转型的成功之路，只会陷入无尽的内部博弈之中。人单合一管理让我们超越传统框架，回归常识，将管理的重点聚焦在员工和用户身上，聚焦在更有效地为用户创造价值上，从而克服转型面临的核心问题——组织僵化。

对于传统管理范式，海尔人单合一模式转型是对管理新范式的探索，其本质是尊重人，激发每一个人的潜力，使其发挥到极致。“道生一”的“一”就是尊重人，“一生二”的“二”就是员工和用户，“二生三”的“三”就是员工和用户走向合一，“三生万物”就是共创共赢、生生不息的生态圈，这就是海尔转型的“道”。特定的时代、创始人的特质和主动求变的行动共同缔造了海尔特有的转型基因。

第一章 终极追求：与用户零距离

转型最大的障碍是什么？

突破转型障碍的关键点是什么？

转型为用户带来什么？

转型领导力从哪里来？

第一节 病症、病因和病根

病症：库存与扯皮

悬在头上的刀。我们常说，库存是企业头上的一把刀。按照马克思的说法，如果商品不能够完成“惊险的一跳”，实现从商品向货币的转变，那么企业的生产活动将难以为继。在企业中，库存的增加犹如身体内“癌细胞”的增加，累积到一定程度就会出现资金周转的困难、现金流的紧张，影响到生产经营的正常运转。就好比人体，表面看着没有什么问题，甚至还在正常饮食，但循环系统已经出现问题，如果不及时消除，甚至会危及生命。

当前，大多数企业虽然在生产制造产品时并不清楚是在为谁生产（说得好听一点叫预测生产），但更本质或实际的工作还是在消化库存。一到年底、旺季或者是节假日，其实都是企业大规模消化库存的好时候，我们也就可以看到很多大规模的营销活动，基本上都是为消化库存而展开的，比如降价促销。当然，一些企业会给出从消费者的利益出发降价让利的说法。但如果说得更直接一点，其本质并不是从消费者的角度出发，而是由于自己的库存压力太大，需要抓紧机会快速、主动地消除库存。因为一旦错过这个时机，就只能被动降价，而且是一降再降，最终形成呆坏账。我们经常会看到经销商向企业提出降价的请求，企业无奈只好一降再降，甚至赔本销售，或者是沉淀为应收账款。如果发展到这一步，对于企业来说，往往就是刀落下的时候。实际上，在产品转变成货币之前，任何时间和空间上的停留都会对企业产生成本，不能为用户创造价值。

永远的扯皮。难道我们就不能消除库存吗？在金字塔形的组织结构中，消除库存是一个几乎无解的问题，扯皮成为管理者面对的首要难题。当出现库存以后，销售部门会埋怨研发部门、制造部门设计和制造的产品不好；研发部门会说销售部门提供的市场信息不准确，制造部门不接受它们理想的设计方案，制造部门会说这是由我的产能决定的，按照你的方案我的产能利用率无法实现，产量无法完成。最终，负责战略的部门或上级领导出现了，一看今年要完成的产量和销售收入目标，就说“大家不要吵了，销售部门搞搞促销，向经销商压压库存，制造部门开足马力生产，研发部门改进设计，推出些新产品、新型号”。于是大家又回到原来的做法上来，新一轮库存又出现了，又进入新一轮的扯皮。

这是管理中的真实场景，虽然我们研发—制造—销售的流程是清晰的，但我们找不到产品的主人，似乎人人都是主人，但没有人真正负责，没有人面对用户。在工作目标与用户不直接连接的时候，就出现了责任的相互推诿。本来最应该有发言权的用户，在上述场景中是没有任何信息可以输入的。当你问起研发部门的责任时，他会说他们也进行了问卷调查、开了焦点讨论会、吸收了销售部门的意见；制造部门会说他们也是严格按照制造工艺生产的，保证质量、成本和交货期；销售部门会说他们也深入市场一线，开展了大量调研和营销活动。但是，这些细分的责任和工作任务并不能解决库存产生的问题。

段到段 VS 端到端。我们在生产制造和管理的全流程中有三个典型约束：首先，用户屏蔽，对上级下达的指标负责，而不是对用户价值负责，用户不直接决定我们的岗位和薪酬，绩效评价是由上级核定的。通俗地讲，是听上级的而不是听用户的。

其次，我们的流程也是段到段的，是研发、制造、销售一段对一段，铁路警察般各管一段；而不是端到端的，面向同一目标，直接对用户负责，问题从用户端来并直接到用户端解决。最后，由于自上而下分层的资源配置方式，即使一线人员意识到了用户的需求，发现了用户的价值点，也无法从底层驱动整个流程的改变，获得相应的资源支持。结果，总是一线人员呼唤不到炮火支援，导致错失市场机会。最终，只会陷入永远的扯皮之中。

扯皮的升级版。更多时候，下级部门之间的扯皮，已经演化成为给上级领导的"表演"，"表演"的目的在于夸大市场的压力，降低指标压力和争取到更多的资源。无形之中，扯来扯去只会强化上级与下级之间、彼此部门之间的相互博弈，出现上有政策、下有对策的局面，而不是面向用户的合作。实践中，解决扯皮问题，在管理者的工作任务中占了很大比重。

小问题背后的大时代。表面看来，消除库存似乎是一个小问题，但它就像100多年前工人磨洋工的问题一样。磨洋工问题的解决开启了科学管理的时代；消除库存问题的解决也必将开启大规模制造向大规模定制转变的新时代，开启新的管理组织方式。这把"刀"已经在企业头上悬太久了，伴随着数字技术的加速应用，用户拥有了更大的选择权，刀落下的可能性瞬间加大，用户在点击鼠标中就会淘汰一个企业。如果不能主动求变，就只能等待刀落下。

病因：四重用户距离

筒仓效应。在进一步深入剖析库存问题和扯皮现象产生的原因之前，我们先来看一下信息流同企业快速响应之间的关系。最典型的案例莫过于"9·11"事件了，从事后分析来看，这本是一场可避免的灾难。2001年8月6日，CIA（美国中央情报局）的特工就提交了一份拉登要袭击美国的报告，但美国情报系统（IC）由16

个机构组成，要说服这些机构困难很大，而且需要很长的时间。当年6月，美国联邦调查局（FBI）特工还发现拉登派人到美国飞行大学学习；8月初穆萨维被捕并供出要实施针对飞机的恐怖威胁；8月24日两名劫机犯也已被列入警戒黑名单。但是，以上这些信息没有得到融合和协同，只是以碎片化的状态存在，停留在各自的筒仓中，灾难最终还是发生了。

信息流的有效采集、融合和协同，是一个组织对外部环境变化做出快速响应的基本前提。但现实是，我们企业的研发、制造、销售以及职能部门都像一个个筒仓，它们之间是互不连通的、无法流动的，自然也就无法做到融合和协同。每个筒仓都根据自己掌握的碎片化信息做出相应的反应。这时有人会问，信息流在筒仓中向上传递，不是有上级领导进行综合来决策吗？在企业规模较小时，这是有可能的，但当企业规模到了一定程度，比如海尔有2000多亿元的销售收入，上千个产品型号，这将是一件非常困难的事情。信息流的逐级耗散和失真，以及信息的庞杂，会使决策变得非常困难和迟缓。

员工和用户之间有最直接的连接吗？企业有产品、有市场，但是没有可以看得见、连得上、听得到、能交互的用户群，这就是当今企业同用户之间的距离。即使是客户关系管理做得很好的企业，也只是拥有用户的位置、通信和交易信息，而且这些信息在一定意义上还都是“死信息”，或者准确地讲，只是单向的信息，并不能带来同用户之间的交互，用户也还处于“失联”的状态，没有交互就无法彻底消除彼此之间的距离。

这是一个好时代，也是一个坏时代。如果你能够利用数字技术同用户建立连接，那么将预示着你同用户之间的距离会缩短。否则，你同用户之间的距离将越来越远。在我们的生活中，这种现象比比皆是。携程的出现拉近了携程同用户的距离，但酒店和用户之间的距离越来越远了；滴滴打车的出现拉近了滴滴同用户的距离，但出租车和用户之间的距离越来越远了；大众点评的出现拉近了大众点评网同用户的距离，但饭店和用户之间的距离越来越远了；京东、淘宝的出现拉近了交易平台同用户的距离，但厂商和用户之间的距离越来越远了。如何在互联网时代拉近同用户的距离，成为每一个企业必须思考的问题。

亟须突破四重距离。实践中，企业和用户之间至少存在四重距离，即渠道距离、部门之间的距离、上下级之间的距离以及供应商距离。在资源为用户创造价值的过程中，存在这四重距离作为隔阂。用户需求信息需要通过渠道、通过经销商才能到达企业，到达企业后又在部门之间和上下级之间进行传递和整合，针对用户需求的满足，又需要组织供应链去完成，这就是一个用户需求信息的过程。等这样一个过程走下来，姑且不说用户需求是否能够被满足，用户的热情可能早已消退。更为重要的是，这个过程是与用户无关的，用户无法参与其中，也看不到自己的权利表达。更多反馈给用户的信息是，我就是提出了用户需求，企业也是未必搭理我的，我是没有选择权的。目前恰恰又是一个用户选择权竞争的时代，谁让用户拥有更大的选择权谁就能在竞争中胜出。

病根：组织僵化

四层僵化，即价值观、流程、结构和资源配置机制。企业和用户之间的这四重距离导致用户需求信息不能够快速、有效地在企业内部传递，最终导致企业不能够快速响应并做出决策，进而产生库存和应收账款，影响企业的持续成长。为什么会出现用户距离？其根源在于价值观、流程、结构和资源配置机制这四个层面的组织僵化。

在价值观层面上，依然是自以为是，以企业为中心，而不是以用户为中心，不是从用户价值出发判断行为的优先性；在组织流程层面上，依然是从企业出发的段到段的串联业务流程，而不是以用户为中心的全流程并联，端到端的业务流程；在组织结构层面，在金字塔形的组织结构框架下，每一个工作岗位人员的观念、角色和行为都已经打下了自上而下金字塔形的烙印，陷入既定结构性锁定之中，员工行为缺乏改变的空间；在资源配置机制层面上，依然是上级领导评价驱动资源配置，而不是以用户评价驱动资源配置。

组织僵化是转型求变的最大障碍，它具有强大的惯性。试想，一个人要改变习惯都是一件非常困难的事情，对于一个企业则更是难上加难。组织僵化就犹如癌症一般困扰着企业成长，很多企业也都意识到了这种顽症，但少有企业能够根治。

第二节 四位一体的转型

启航：咬定“人”和“单”

起点——激发“人”对“单”的自主性。为订单找到主人，消除库存，这是人单合一管理实践的起点。2005 年 7 月，这项工作已经开始，直接切入现有库存是如何产生的问题，并明确关键不是消除库存，而是不让库存产生。信息系统的改善，产品条形码与“人”的对应，物流和营销的协同等一系列工作实践在开展。关于“人”是什么、“单”是什么，也在进行着深入的讨论。

“人”是谁？在管理实践中有很多不同的角色，是经销商、直销员，还是销售部门的人员、产品线的制造人员、研发人员等，是谁呢？如果从职能分工出发，站在自己只是被动的岗位角色接受者的角度来看，“人”的问题是无法回答清楚的。因为思考这个问题的出发点就是被动地接受任务，而不是主动去面对市场和用户。自然，在回答这个问题时，首先想到的都是他人，而不是自己，是他人的责任，而不是自己的努力。此时，在被动接受的情景下，更重要的不是同用户零距离，而是同上级领导零距离，行领导之所想就可以了。通过实践和反思，海尔人在认知上逐步意识到这个人应该首先是我而非他人，是我对市场机会的快速响应，是我做到速度和准确率的统一。无疑，“自主”而非“他主”是“人”的重要内涵，超越订单的表象，对市场的快速、主动响应，就成为对“单”的初步理解。

人单合一正式提出。2005年9月20～21日，全球海尔经理人年会在海尔国际培训中心召开，100余位来自全球各地的海尔海外经理人和客户代表齐聚崂山脚下。在这次会议上，张瑞敏提出，海尔在全球市场中取胜的竞争模式是人单合一。“人”，就是每一位创新的SBU（战略业务单元）；“单”，就是有竞争力的市场目标。人单合一的目的不是在形式上用条形码把人和订单挂钩，而是通过将人与订单挂钩的办法激发每个人的潜能去挖掘市场资源。只有做到人单合一，才能创出海尔世界名牌！大道至简，海尔将管理的注意力集中在“人”和“单”上，即激发员工潜能，抢抓市场，实现员工与市场的融合，就成为人单合一的核心要义。

引领者：转型目标定位。人单合一的提出，拉开了海尔管理模式转型探索的序幕，但真正的“大戏”是海尔将步入第四个战略阶段——全球化战略阶段，在经历了7年“走出去”之后，如何能够进一步做到“走进去”、“走上去”，成为一家真正意义上的全球化企业，这是海尔面临的时代新命题。对于海尔，这注定是一场“脱胎换骨”的“大戏”。其中既有国际经济、技术和产业格局大变革的基本背景，又有自身追求创新的内在冲动。显然，丰田、戴尔、IBM和GE等日美大企业的管理模式和经验已经不能满足海尔对管理的需求，现实要求海尔必须要加快管理创新的步伐。

在创业的20多年中，海尔如饥似渴，以日美企业为标杆，快速学习、消化和吸收国外先进的管理模式和经验。站在2005年这个时点上，海尔则更多地是要创新和突破点儿什么。2005年8月30日，《金融时报》评选中国十大世界名牌，海尔荣登榜首。在全球白色电器制造商中，海尔排名第四。因为，站在全球竞争的格局上，海尔已经完成了从追随者向挑战者角色的转换，下一步目标将是从挑战者向引领者转变。角色的转变必将要求以引领的模式作为支撑，这就是人单合一提出的时代背景和现实基础。

专栏：人单合一管理模式最初的三项内容

在不同阶段，人单合一管理的具体内容有所不同。比如在起步阶段，人单合一管理模式主要包括人单合一、直销直发和正现金流三项内容。

——人单合一：人要与市场合一，成为创造市场的SBU。

——直销直发：直接营销到位、直接发运到位，这是实现人单合一的基础；只有在直销到位的前提下，才能直发到位。

——正现金流：现金流是企业生存的空气，利润是企业生存的血液，没有正现金流，企业就会窒息。

观念变革：企业、员工和用户的再认知

观念定生死。在海尔不断缩短同用户距离的过程中，观念变革具有重要的引领作用。2005 年人单合一的提出，表明企业各项行为将由新的价值准则进行衡量，行为的优先性将发生变化。事实上，没有观念变革的引领，企业就很难从既有的行为习惯中走出来，打破行为惯性，去探索新行为、新流程和新方法。

纵观管理发展史就是一部观念变革推动的历史。从弗雷德里克·温斯洛·泰勒（Frederick Winslow Taylor）的秒表革命，到亨利·福特（Henry Ford）的摩登时代，到艾尔弗雷德·斯隆（Alfred P. Sloan）发现的组织的力量，到乔治·梅奥（George Elton Meyao）等关于人的探索，到伊戈尔·安索夫（Igor Ansoff）的战略计划，到大野耐一（Taiichi Ohno）的精益生产，再到克里斯坦森的破坏性创新和迈尔克·库苏麦诺（Michael Cusmano）的平台战略。新的观

念推动着企业管理实践的发展，只有那些能够跟随观念变革步伐的企业，才能得以持续成长。没有正确观念的引导，企业就像方向错误的飞毛腿导弹一样，将很快在雷达屏幕上消失。

人单合一管理背后是一系列的观念变革。从2006年提出的“让员工做大，让客户做大”，到2009年提出的“每个员工都是自己的CEO”。第五个战略阶段——网络化战略阶段的到来，又预示着海尔在战略认知上将有一次新的突破。从2012年年末“三无”——企业无边界、组织无领导、供应链无尺度的提出，到2013年年末“三化”——企业平台化、员工创客化、用户个性化的提出。可以说，海尔观念变革的步伐从来没有停止，并且总是在引领和驱动着海尔人行为的变革，并最终在流程和组织层面上呈现出来。

对熟知的再认知。企业、员工和用户，这是我们最为熟悉的管理学的基本概念。但在变革的时代背景下，“熟知并非真知”，这是德国哲学家黑格尔在《小逻辑》中所说的一句话，也是张瑞敏常挂在嘴边的一句话。在海尔人的认知中，企业正从一个封闭的组织，不断打破边界，走向开放；从通过一体化获得竞争优势，走向通过生态圈赢得竞争优势。员工在传统意义上就等同于被管理者，是命令的执行者和企业的雇佣者，但今天的海尔将员工定义为创客。他们是创业者，是用户价值创造的共享者。用户在海尔字典中也从产品和服务的被动接受者转变为全流程的参与者，用户自身已经成为价值的创造者。甚至在实践探索中，还出现了用户即员工现象，这必将进一步激发我们对熟知的思考。

变与不变。对企业、员工和用户这些概念的认知，在管理实践发展的不同阶段会有不同的内涵。但观念变革中不变的是，人单合一管理对员工人性化的回归，对用户价值的创造，以及员工和用户之间的价值共享。于是，人性化、用户价值和共享价值就成为检验管理行为变革正确与否的价值准绳，管理行为就是围绕着价值准绳探索前行的。实际上，有了观念指引，就找到了求真的方向，方向对了就不怕路远。

流程变革：寻找同用户距离最短的流程

是否存在一个卓越的运营流程？为了实现“人”对“单”的快速响应，建立一个卓越的运营流程，2006～2009年，海尔开展了“信息化日清”和“1000天再造”两项工作。前者实现了自1984年以来坚持至今的“日清”工作的信息化，后者旨在实现对市场的快速响应，建立端到端联系。张瑞敏提出，“再造必须以目标和业绩为导向；再造的准则是建立从目标到目标、从用户到用户端到端的流程”。

卓越的运营流程从哪里来？毫无疑问，关于流程的知识，那些老牌世界一流企业的积累是最丰富的。在这一时期，IBM的专家来了、HP的专家来了、世界顶级咨询公司的专家来了，每个部门都开始搭建自己的“1+1+N”团队①。在这种融合中，无论是专家还是海尔人的价值，都在日渐体现。自2007年4月26日开始，海尔夜以继日，加速吸收和应用有关流程的知识，从信息化整体系统出发，打通已有的600多个“信息孤岛”，完成2000～2500个流程构建，努力建立一个距离市场最近、能够实现即时响应、内外信息一体化的流程。再造的场面俨然是一场战斗，所有工作都可以细致到天，甚至细致到小时。记得在2008年的一次上线调试时，当时的项目负责人说，“我们已经40多个小时没有合眼了，必须要打通所有流程，出现问题必须马上解决”。

从“油水分离”到“水乳交融”。当然，除了流程再造之外，海尔对“1000天再造”还赋予了组织和人的再造的内涵。但是，一个基本现实是这些既有知识的提供者本身并没有完成组织再造的经验，而人又是嵌入到组织中的，自然人的再造实际上也是没有完成的。所以在2008年1月1日零时海尔全球增值系统（HGVS）上

---

① “1+1+N”是海尔人力资源管理模式创新，即一个海尔内部负责人加一个从外部引进海尔的专家再加若干成员，共同组成团队进行工作，促进内外部知识的融合和创新。

线后，原本打算的即需即供目标并没有实现，而且出现用流程来指导做市场的问题，销售业绩受到严重影响，结果有了流程却但远离了市场。

海尔立即开始反思，是否天然存在一个卓越的流程？结果是，最好的流程不应该是自己说了算，而应该是客户说了算，应该是同客户距离最短的流程。如果只是复制，或者只是站在既有行为习惯的基础上，没有组织和人的再造，那么肯定是“油水分离”。只有从人单合一出发，才能做到流程和市场对接，做到“水乳交融”。

从客户价值出发倒逼前行。海尔这次将问题的焦点首先指向中心库（DC 库）的库存。从2008 年 8 月 28 日起，海尔要求中心库库存要降为零，要求按照零库存下即需即供模式重新建立流程，从人单合一出发倒逼流程构建。无疑，这个冲击是巨大的，直接带来了销售业绩的下降。但张瑞敏非常坚决地告诉相关负责人，说“没问题，我相信客户价值最大化这条规律是对的，销售业绩下降是可以容忍的，你们去干”。正是由于对目标的坚持，从客户价值出发倒逼了包括物流、营销、制造和供应链等整个体系的改进。几个月后，客户（包括苏宁、国美等企业）主动与海尔合作，大大加快了资金周转。至此，海尔的库存周转天数只有 5 天左右，是中国家电行业平均值的 1/10。

值得一提的是，2008 年 11 月，国际金融危机大举冲击中国经济时，海尔已于当年 11 月 3 日实现了从卖库存向中心库零库存的转变。在别的企业打折降价、拼命降低库存时，海尔已经提前解决了这个问题。顺便提一句，当时场面是非常“血腥”的，所有拼命降库存企业的损失都是惨重的。因为库存产生于危机前，这些库存都是用危机前价格高的原材料制造的，而金融危机袭来后，大宗原材料的价格又出现了大幅下降。这样“一进一出”，高成本、低售价所带来的损失无疑是惨重的。在回想起当年“血色 11 月”的经历时，一位企业家曾形象地比喻说：“当时感觉整个中国经济就像一个人一口气上不来，憋住了，整个经济活动都停滞了似的。”

流程的“双面性”：效率和创新权衡。流程一方面有提高效率、降低错误率的作用，但另一方面也会对创新和风险承担行为产生一定的约束。因为处于严格流程之中的管理者和员工首先想到的是不犯错误，而不是承担风险和创新。自然，其工作的积极性和主动性就会打折扣。当市场环境发生较大变化时，迟缓的、不愿冒风险的员工行为，加之流程本身的限定，就很可能错过稍纵即逝的市场机会。市场机会本质上就是用户需求的发现，既定的流程常常会对用户需求创新方面产生一定的约束。如何解决这个问题又成为海尔人面对的新问题——流程如何应市场变化而动呢？

客户非用户。我们是否做到了人单合一？海尔人又在反复问自己。是的，通过“1000 天再造”已经形成直接面向客户的距离最短流程，但客户价值并不等于用户价值。经销商作为客户只是海尔产品的购买者，并不是产品的最终使用者。只有真正为用户创造价值，才能够找到自身存在的价值。如何进一步缩短同用户的距离就成为海尔人需要考虑的新问题。

从串联走向并联流程。如果你想进一步改进，那么你就要发现现在的短板，正视这些短板，并找到突破口。海尔在追求同用户零距离的道路上，从来没有停止过流程变革的步伐。2014 年，海尔开始探索打破以企业为中心的串联流程，建立真正面向用户的并联流程，让用户居于所有流程的中心，用户直接驱动所有流程。从串联到并联就是要真正建立同用户端到端的连接。虽然在字面上两个词只有一字之差，但对于整个管理体系、资源配置机制都将是颠覆式的变化。

如果说串联、并联听起来还有些抽象，那么在海尔具体的管理实践中则有非常形象的语言表达：“内去中间层，外除隔热墙。”将管理工作焦点直指员工和用户之间的障碍——“中间层”和“隔热墙”，就是要去除内部各部门之间和上下级之间的“中间层”，外部企业和用户之间的“隔热墙”，建立员工同用户最直接的连接。

结构变革：打破“金字塔”束缚

结构束缚凸显。管理从来不是一蹴而就的，它往往是在出现问题和解决问题的过程中取得一点一滴的进步和积累。2009 年“1000 天再造”还未完成的时候，如何直面用户、抓住用户资源的问题就已经提出。于是，海尔就开始了自主经营体的尝试，提出“每个员工都是自己的 CEO”的观点。试图通过充分释放员工活力，让自主经营体直面用户，快速响应用户需求。但在实践中发现，金字塔形组织结构束缚了自主经营体作用的发挥，阻碍了它的成长。换言之，没有组织结构的变化，自主经营体依然同用户之间存在很远的距离，无法成长起来。因为金字塔形组织结构下的流程决定了员工同用户之间的距离，用户需求信息需要从金字塔的底部逐层上传到顶层，再由顶层层层反馈到基层。在用户说了算的时代，这样漫长的距离显然是无法让用户满意的。

从金字塔到倒金字塔。面对世界通用的大企业金字塔形组织结构，海尔大胆地提出把组织结构从金字塔颠覆为倒金字塔，将“三权”（决策权、用人权和分配权）下放到一线的自主经营体，原来金字塔顶层的职能从审批向服务转变，从而拉近员工同用户的距离。在这个决策过程中，张瑞敏先后同日本“经营之圣”稻盛和夫、IBM 前董事长兼 CEO 路易斯·郭士纳（Louis V. Gerstner）、戴尔公司董事会主席迈克尔·戴尔进行了交流。郭士纳表示这是一件他多年来想做而没有做的事情，因为对于一个大企业而言，这种震动太大，搞不好就会失控，甚至失败。但张瑞敏坚信，企业存在的价值就是为用户创造价值。海尔只有做到每一个员工直面市场、同用户零距离，才能更好地为用户创造价值。

从倒金字塔到平台：自主经营体、利共体和“小微”。从 2009 年到 2012 年，海尔逐步进行了自主经营体的探索和实践，海尔从一个 8 万多人的大企业转变成 2000 多个自主经营体。紧接着，2013 年又开始了利共体、“小微”等组织形式的探索，

“小微 + 平台”的组织架构日渐成形。所有组织结构变革的目标只有一个，就是人单合一，建立能够直面市场的组织载体，实现员工同用户零距离。

机制变革：导入用户评价机制

用户说了算还是上级说了算。要做到同用户零距离，需要在资源配置机制上进行突破。传统企业中资源配置机制属于审批制，就是由上级领导决定资源配置。但是，往往上级领导并不掌握市场和用户瞬息万变的需求，无法快速、有效地配置资源对市场机会进行捕捉。同时，由于是上级领导说了算，就容易在组织中形成对上级负责优先于对用户负责，自然会产生同用户之间的距离。因此，要有效引入用户评价机制，通过用户评价驱动资源配置，改变原来的审批制，让用户说了算，形成用户评价驱动资源配置的机制。

从实践探索到形成制度。海尔从一些样板开始进行实践探索，从自主经营体的放权开始，到发现用户评价机制的巨大驱动力，进而逐步上升到制度层面进行变革。比如，日日顺物流的“24 小时按约送达、送装同步、超时免单”，雷神团队的“开放公测”，这些做法都有效捕捉到了市场机会，并赢得了用户的口碑。在海尔经常会听到一句话，就是“我们听用户的”。这句话的践行，使员工利益与用户价值紧密地捆绑在了一起。从 2015 年开始，海尔进一步全面推进用户付薪制度，员工薪酬来源于用户增值。就是要在薪酬制度上形成对用户零距离的保障，让用户选择权实实在在地体现在资源配置上。前文讲过，未来企业的竞争就是用户选择权的竞争，而资源配置机制恰恰是用户选择权实实在在落地的重要制度保障。好不好、行不行，让用户做出最直接的评价，进而驱动资源的配置。

观念引领的协同推进。知易行难，在追求同用户零距离终极目标的过程中，涉及观念、流程、结构和资源配置机制的变革。这个过程是一个协同演进的过程，单兵推进很难实现目标。当然，在不同时期工作的侧重点有所不同，但所有工作又是协同推进的。比如，首先是观念变革引领，然后流程变革跟进，流程变革实践中组织结构束缚的问题凸显出来，进而突破结构束缚，而打破这个束缚又需要进一步在观念和资源配置机制上做更深层次、更根本性的变革，基于此再寻求新流程的建立。这就是一个真实的、动态的管理模式的实践探索（见表1－1）。

表1－1　人单合一管理典型实践一览表

年　份	观念变革	流程变革	结构变革	机制变革
2005	人单合一的提出			
2006	让员工做大，让用户做大	“日清信息化”	无边界团队；特种冰箱生产线经营体	
2007	人和组织再造	“1000天再造”		
2008		取消DC库库存		
2009	每个员工都是自己的CEO		从金字塔到倒金字塔；自主经营体	人单酬
2010			自主经营体	用人权和分配权下放
2011	我的用户我创造，我的增值我分享		三级三类自主经营体	
2012	“三无”			宙斯模型；自驱动
2013	“三化”		利共体、“小微”；平台型组织	
2014		从串联到并联流程	平台和“小微”的组织架构	打破“审批制”，探索用户评价机制
2015	用户付薪、投资平台		“小微”生态圈	用户评价机制落地

资料来源：笔者整理。

总体而言，在海尔的实践过程中的一条不变的规律就是，及时发现问题、解决问题，形成知识积累，同时又不受制于既有知识和经验的积累。从理论上讲，这就是海尔特有的动态能力，打破旧惯例，形成新惯例，否定之否定，在正反合中不断前行、持续成长。

第三节 有情感的产品和服务

所有管理实践最终都会在产品和服务层面得到体现，就好比管理是“神”，而产品和服务则是“形”。同样，人单合一管理在“形”层面的体现是什么？会给用户带来什么样的产品和服务？用户又会有何种体验？这是我们需要进一步探究的。

帝樽背后的美好体验

帝樽牌空调（简称帝樽空调或帝樽）于 2012 年上市，消费者反响热烈，虽均价在 9000 元以上，但 10 万台很快脱销。高价位段产品在上市之初就能达到这样的效果，确实是难以想象的。这是由雷永锋带领的海尔柜机自主经营体所取得的成绩。该自主经营体成立于 2011 年 10 月，是由海尔空调柜机的企划与开发部门独立出来的，雷永锋通过抢单，担任这个经营体的体长。上任伊始，他就雄心勃勃地提出要实现引领柜机空调的目标，虽然目标具体是什么还不十分清晰，但他坚信，只有做到同用户零距离，才有可能实现这一目标。

超越技术指标的用户美好体验。按照以前的设计思路，就是同竞争对手飙技术指标，在同等技术指标的前提下降低成本。这样做出的产品是用户真正需要的吗？帝樽空调是国内首款把柜机从方形变成圆形的空调，虽然只是外观上的一点改进，却带来了市场的强烈反响，用户迅速认可了这个价值。为什么会这样？因为这恰恰解决了用户生活中的真实问题——如何在有限的空间既满足功能上的需求，又满足房屋空间美感的需求。

认知来自用户。在和用户沟通的过程中，雷永锋了解到用户对以往空调的长方体外形很不满，感觉它俗套，不宜放在角落，并提出为什么空调不可以是圆形的这一问题。于是，他决定从柜机外观差异化入手，制造满足用户需求的圆形空调。在同用户进一步交互的过程中，他们发现用户的美好体验除了来自视觉方面的因素，还有听觉方面的因素。在听觉上，用户反映最多的就是噪声问题。

当时，大家最直接的想法就是降低压缩机的分贝数。但雷永锋提出，如果你自己是用户，噪声就等同于技术指标分贝数吗？作为用户需要的是对噪声的实际感受——声音舒适度，比如他们感觉到的异音、气流声和传响声等。再深入一步，还要分析用户感受与其生活环境、生活习惯的关系，找到造成噪声的原因。在满足噪声技术标准的基础上，使用户对异音、气流声、传响声没有异样感觉，为用户提供优良的声音舒适度，这才能说是为用户带来了美好体验。

当然，这并不是说技术指标数据不重要。数据是满足用户对外观、功能和品质需求的必要条件，但用户美好体验是超越技术指标数据的。雷永锋说，帝樽空调不仅要满足用户对外观、功能和品质的需求，更要给用户带去美好体验。经过设计、开发、模块化制造等一系列协同，2012 年 10 月底，具有圆形外观和最佳静音体验的帝樽系列空调上市了。用户体验无止境，这时雷永锋所在的自主经营体已经做好了一两年后上市帝樽二代、帝樽三代的方案。

以用户为中心，我只是观察者。用户美好体验是用户根据其价值标准得出的感受和判断，如伴随消费所产生的愉悦、幸福、满足和自豪心情，不是产品设计者单方的判断。简单来讲，用户美好体验取决于用户的价值标准，和用户的个人特点、生活环境以及需要解决的问题等都有着密切关系。那么如何了解用户价值标准呢？按照以前的调查方法行得通吗？雷永锋说："绝对行不通。你必须改变以前那种以我为中心的视角，换成以用户为中心的视角。"

柜机经营体以前也进行用户需求调查，但通常是自己设计问卷、设置选项，让用户选择，用户选择什么就生产什么。后来他们发现，这样的调查有两个问题：首先，隐含在选项中的价值标准是企业设定的，不代表用户的价值标准。从用户的回答中只能看出用户对企业价值标准的认同，但看不出用户的真实价值标准。其次，信息沟通是单向、单次的，只有企业向用户的信息流动，没有用户向企业的信息流动，企业和用户之间缺乏持续的互动，阻碍了探究用户选择背后的原因。于是，他们决定改变调查方法，转而采取基于用户视角的观察法。

柜机经营体随机抽取了50多位用户，雷永锋等人到这些用户家中进行交流。他们考察了用户的生活环境，弄清了房间大小、房间格局、空调柜机安装位置、用户使用空调习惯以及用户对空调的感受等情况。在调查中他们了解到，用户通常在晚上使用空调，每当打开空调，内机加外机的传响声就会格外刺耳，让用户感觉不舒服。其实，从噪声数据看，内机和外机是合格的，并且如果只听内机或者只听外机的声音，噪声也不是很大。但用户的房屋结构、内机加上外机以及夜晚寂静这些因素叠加在一起，就使得噪声问题比较突出。雷永锋从这些用户的个人体验中捕捉到了用户的静音需求，进而对噪声进行了重新分类，在此基础上制定了静音目标和解决方案。

试想，如果雷永锋他们还是按照传统做法搞问卷调查、对数据库信息进行分析，或许至今都还不知道用户真正的静音需求是什么。因为观察用户的个人体验，所在柜机经营体对用户的实际需求不再存在认知隔膜。

让用户参与设计。让用户对如何实现需求提出解决方案，把其中有价值的方案吸收到开发中，并加以实现。这种做法不仅可以深入、准确地了解用户需求，获得新产品开发的灵感与知识，而且还能够提高用户的满意度，增强用户的购买欲望，扩大用户规模和增强用户黏度。

2013 年某日，立式空调利共体①成员进行某新产品调研，他们抛出了远程控制的题目，问用户什么是远程控制。此时有年轻用户回答道："远程控制就是我能够在外面控制家中空调的开关。例如，夏天我让空调在我到家前 5～10 分钟打开，把温度降下来，我一回家就能感到凉爽、舒服。"立式空调利共体成员接着就问："如何实现呢？"该用户回答道："通过智能手机，现在智能手机都可以下载游戏或应用软件，你就做一个小程序挂到某个平台上，我再下载到手机里。我在家中的空调里装一个 Wi－Fi，家里面有无线网络，空调随时'上着网'，我通过手机给它一个指令就可以了。"用户的回答就是一个解决方案，它不仅表明了用户的需求，还指明了设计开发的方向。立式空调利共体成员顿时觉得眼前一亮，于是决定在新产品设计中采纳这个点子。

雷永锋非常看好让用户参与设计的效果，甚至认为让用户参与设计可以贯穿从企划到营销的整个过程，如从用户需求的捕捉到产品方案的制定，到开发试验的体验，再到营销策略的制定（卖场的宣传与卖点如何确定），都可以让用户参与。但是，要让用户参与设计，必须做好机制和平台建设：一是要有好的激励机制，让用户有参与积极性。二是要有好的信息沟通平台，有专门的管理团队，不断抛出新鲜、有吸引力的话题，让用户知道这个平台，对这个平台感兴趣，愿意经常参与讨论，提出有价值的方案。三是要有好的信息管理技术，能够方便组织成员同步接触信息，能够及时对用户数据做出系统分类和分析，提炼出有价值的信息。由于尝到了用户参与设计的甜头，雷永锋正在持续推进机制和平台建设。

将用户美好体验传递给供应商。虽然雷永锋他们捕捉到了用户美好体验，但如何实现呢？这就需要整合供应商资源来提供解决方案，转变原来同供应商之间只是单纯的零部件买卖关系，要让供应商提前参与到产品设计中来，大家共同对用户体

---

① 2012 年年底，海尔把立式空调的企划与开发、采购、制造和营销四个经营体合在一起，成立了立式空调利共体，雷永锋是该利共体的负责人。

验负责，共享为用户创造价值的收益。

在帝樽空调开发中，三菱电机公司负责提供压缩机模块化方案。为了做好帝樽空调压缩机模块化方案，雷永锋他们和三菱电机公司的技术人员一起请用户参与设计，用户提出了空调速冷、速热和静音的需求。针对这些需求，三菱电机公司的技术人员拿出了解决方案。但最初的方案没有得到雷永锋的认可，理由是“用户能听到传响声，静音需要改进”。

对此三菱电机公司的技术人员很不理解，因为从技术角度看设计已经达到完美水平，用户也没有提出很具体的要求，放在实验室和同系列国外顶尖空调产品相比，帝樽空调也是最静音的了。但是，雷永锋只坚持一点，站在用户的角度，继续去听、去改善，哪怕有细微的差距都不放过。这是因为雷永锋做过入户调查，他明白即使压缩机技术达标，作为整机的空调还是可能有传响声的。因此，不能单纯地按照压缩机的技术标准来判断，要按照整机的声音舒适度，也就是用户的价值标准来判断。

这让三菱电机公司的技术人员很为难，他们甚至有了放弃不做的念头，但在雷永锋及其团队坚决不妥协的态度面前，最终还是坚持下来。后来他们通过重新设计管道、改变频率点等方法降低了传响声，使空调送风增长一倍，噪声仅为 24 分贝，顺利地通过了用户检测。这款压缩机的优秀性能也使三菱电机公司在行业中更加具有竞争优势，销售收入大幅度增长，2012 年在海尔的销售收入就增长了 4 倍，2013 年订单增长了 20%。因此，该项目负责人还得到了三菱电机公司董事长的点名表扬。此外，该模块的通用率达到了 85%，仅模具费就节约了 500 万元。

实际上，除了三菱电机公司之外，用户体验还传递到了其他外部一流资源中。比如，韩国、德国的设计团队开发空调外观，德国巴斯夫公司开发新材料，神九公司、某中韩合资公司开发新结构等。

让用户美好体验越过内部障碍。虽然雷永锋和他的团队对用户体验有了一个清晰的认知，并在新产品的外观与功能上得到明确，但要最终生产出帝樽这一新机型还有内部的生产环节需要协同。当他们将自己的设计方案向生产线自主经营体展示后，生产线方面表现出来诸多疑虑。其中一个最突出的困难就是空调生产将由多年来大家习惯的“躺着”生产，转变为“站着”生产。虽然说起来从“躺”到“站”很容易，但这对空调行业而言是第一次，它涉及生产设备的改造和生产工艺的调整，以及工人的适应等方面。

加之，生产线自主经营体本身也要算自己的账，保证自身的盈利。进行改造是一件既耗时又花费成本的事情，工人还有很多抱怨，还不如生产既有的产品，难度低，量也大，利润有保障。但雷永锋相信只要为用户创造价值，大家就都可以分享到价值。他努力让生产线自主经营体看到希望，同时，同意生产线方面延长准备时间一个月，最终这个障碍得到克服。但雷永锋对这个结果并不满意，毕竟产品延迟了一个月上市。他在想，我们为什么不能够做到事前协同呢？

2014 年 7 月，笔者再次对雷永锋进行了访谈，这时柜机自主经营体已经从利共体升级为“小微”模式。他表示在“小微”阶段，以用户为中心的事前协同的问题已经得到了解决，大家同用户之间的距离明显缩短，但还需向零距离努力。

最后一公里的“真诚”

从用户的痛点出发。在电子商务迅速发展的背景下，物流成为近十年来发展最迅速的行业之一。但是，由于配送和安装的特殊性，大件物流这个细分市场的发展一直相对滞后，用户抱怨最多。大件不配送，送货不上门，配送与安装不能同步，配送网络到不了三四级市场和一些边远省份成为大家电、家居和卫浴产品购买的四大痛点，一些边远地区的用户不得不放弃一些大件产品的购买，物流的不及时、不上楼、不安装、服务差已经影响到大件产品的销售增长。

最后一公里用户物流利共体看到了这个市场空白，整合内外部资源，锁定大件物流市场，用差异化的物流服务给用户带来截然不同的体验，在短短一年时间里实现了收入的快速增长，引领了国内大件物流市场的发展方向。

一字之差："按时送达"与"按约送达"。用户物流团队承诺的"24 小时按时送达"服务一举打破了大家电购买需要 2～3 天才能够收到货的行规，这也是最后一公里利共体成为国内一流专业家电物流企业的标志之一。虽然站在行业和企业的角度看"24 小时按时送达"，已经是处于领先地位的服务承诺。但这是用户真正的需求吗？用户物流利共体又开始反问自己。因为随着服务的开展，团队成员发现其实绝大多数用户购买大家电产品并不需要立刻使用。因此，对物流速度的要求并不会很高。但是，由于大件产品只能在使用地收货，并且无法代收，用户更希望在一个约定的时间、约定的地点收货。

站在用户的角度，用户物流团队将"24 小时按时送达"服务承诺升级为"24 小时按约送达"，这一服务能够满足生活、工作紧张，对送货时间有高要求的用户的个性化需求，提升他们的用户体验效果。从"按时送达"到"按约送达"，虽然只是一个字的改变，却代表了物流服务体验的改变，也蕴含了企业服务思路的转变——以创造用户最佳体验为中心，而不仅仅是达到行业领先标准。

从分离到同步的升级。以前，很多大件产品都采用送、装分离的形式，物流先送货上门，再由用户预约服务人员上门安装。送、装分离实际上是将物流与服务分开，客观上降低了人员、资源协调的成本，但增加了用户的收货成本。用户物流团队整合物流资源和服务资源，实现送货和安装一次完成，节约了用户的时间和精力，为用户提供了区别于送、装分离的"一次就好"的差异化体验。

大件物流与小件物流的需求特征存在显著区别，后者强调的是速度，而前者强调的是精准。精准包括送货时间的精准，以及服务内容的精准。为用户提供精准的物流体验，是用户物流利共体为用户创造价值的核心点。

全流程可视。海尔从成立"日日顺"之初就投入巨资引进物流信息系统，以不断提高物流管理的信息化程度，同时制定和执行严格的物流信息化操作流程，不仅将小件快递的全程可视化移植到大件产品上，更实现了传统物流向"稳、准、全"

数字物流的升级换代，为用户提供了差异化的物流信息化体验。

“稳”是指以稳固的数字化物流系统兑现用户承诺。以强大的生产基地和物流网络为支撑，能够在用户下单之后按照既定流程将货品按约送达。即使某一环节出现问题没能按时送达下一环节，其他环节也会补救，最终保障整个物流时间的稳定性。

“准”是指可视的物流信息与货品实际的物流情况适时准确对应。每一辆送货车辆、每一名送货人员都有便携式的数字终端，时刻保持与平台的信息同步。同时，严格执行所有进出货物的扫码工作，在用户收货时还采用了手机验证码等手段，及时将收货信息发送至信息系统，并最大限度地保护用户的利益。

“全”是指综合传统和最新的信息化手段为用户创造差异化物流体验。在引入互联网、GPS 和验证码等最新信息化工具和手段的同时，用户物流团队也没有放弃传统的沟通方式。例如，在货物出库的同时会以短信的形式通知用户，在送达一小时之前，司机会以电话的形式与用户沟通。这种综合的信息交流方式能够帮助送货人员掌握用户的特殊要求，也使单纯通过互联网的被动式“可视化”升级为综合各种信息平台的主动式“可视化”。

刚柔相济的服务标准。一方面，统一的服务形象、规范的服务流程能够让不同的用户享受到同样的服务效果；另一方面，服务又是同人直接面对面，不同的人对服务的要求又存在差异，这就需要提供差异化的体验。

“刚”——标准化的服务流程。为了实现服务全流程的标准化，用户物流利共体设计了“21 步”的标准流程，涉及各个细节。从网店接到订单开始到产品送到用户家并安装，服务兵怎么从网店接货，接货后怎么和用户联系，联系好之后怎么装车、怎么配送等，都有详细的说明。对于没有电梯的高层用户，服务兵就应该怎么对产品进行捆绑、怎么背、怎么抬等还专门请教了日本的同行专家。

“柔”——突发事件的应对。在产品配送中，难免会出现堵车、下雨、下雪、刮风或撞车等突发事件，如果不能及时送达，对于用户来说就是企业没能兑现服务承诺。为了将突发事件的影响降到最低，用户物流利共体进行了事前模拟，制订预案，新出现的问题也不断加入到案例库中。这样，服务兵在面对一些突发性事件时就有了具体的应对措施。同时，强调各个环节的合作，在一个环节因突发事件耽误时间，可以在其他环节及时补救。

专栏：为了对用户的承诺

在工作中，我们每个人都会遇到不符合规定、不符合常理的突发状况，这时该怎么办?

上海的一个服务兵刘轩，为了兑现24小时送货上门的承诺，把60多斤的洗衣机背到了用户家里。

2011年4月13日晚7点，上海网友韩先生在网络商城上购买了一台海尔洗衣机，上海隋园社区店接单后派服务兵刘轩去送货。小刘立即联系韩先生，约定第二天中午12~13点的一小时内送到。当小刘按照送货地址来到韩先生小区附近时，发现用户居住的普陀区附近在修路，他一看表还剩将近20分钟，于是焦急地在小区附近找停车的地方。这时，韩先生打来了电话。

小刘说："我已经到小区附近了，您别着急。我一定能在规定的时间内送到的……"

韩先生："我们小区现在修路不好走，可能过不来车子，你确定能准时到吗?我一会还要赶着上班。"

承诺了韩先生的小刘挂了电话一看还剩15分钟，于是心里盘算了一下，走一里多地时间够用。为了满足用户的需求，小刘停好车子后，顶着近30℃的高温，背起60多斤重的洗衣机一口气走到了韩先生的楼下。中间没有任何休息，他说如果休息了，就搬不起来了。小刘把洗衣机搬到韩先生的楼下，用了13分钟。当时，韩先生已经等在门口给他打开门了。

韩先生非常惊讶地说："你怎么自己背过来的呀？用个小车推着也好呀……"

小刘说："不行，如果用小车推，时间长了可能对产品有影响。"

用户听了小刘的话后非常感动，让小刘歇会再走，可是小刘赶着完成下一笔订单，不顾劳累，为用户服务完就离开了。

资料来源：《海尔人》，2011 年 6 月 8 日，第 991 期第 2 版。

第四节
用户领导力

领导力是管理学研究既持久又非常热门的一个话题，相关研究可以说是汗牛充栋，相关培训也是各顶级商学院的王牌项目。至今，关于领导风格、行为和企业绩效之间关系的研究依然是学界热点。在人单合一管理实践中，领导力被赋予了全新的内涵——用户领导力。它不同于以往管理学研究所关注的以领导者为中心或以追随者为中心所展开的相关研究，它跳出了管理者和被管理者的分析框架，在实践探索中将焦点集中在用户身上，寻找用户评价驱动资源配置的最佳实践，并取得了意想不到的企业绩效。

这些创新实践为领导力研究打开了一扇新视窗，预示着领导力的理论研究的重心将逐步从关注领导者领导力、追随者领导力转移到关注用户领导力上来。下面重点列举发生在雷神“小微”身上的两个案例：开放公测和粉丝共治。

专栏：雷神的成长

2013 年 9 月，海尔笔记本电脑部的三名“85 后”普通员工创立了雷神“小微”。

2013 年 12 月，雷神的第一批产品在京东上线，500 台游戏笔记本在两天内被抢购一空。

2014年1月，第二批雷神游戏笔记本在京东上线，3000台产品在21分钟内售罄。

2014年7月，雷神911上市更是开启了先预交定金的新模式，这在笔记本这个红海市场是难以想象的，首批500台样机在一秒钟内被抢空。

2014年，雷神创造销售产值2.4亿元，跃居京东游戏本第二品牌，单型机销售第一。

2015年3月，雷神破京东股权众筹纪录（一小时募得1500万元），同年5月再破产品众筹纪录（42天募得2829万元）。

开放公测：用户说了算

真正对用户开放的公测。对于游戏和手机行业，公测已经是司空见惯的事情，但是在游戏本行业中，还从来没有哪个品牌尝试过。行业中比较普遍的方式是将新产品送给专业媒体进行测试，这样可以对新产品进行一定的宣传。但是，这种媒体评测并不是真正的开放，用户对这种测试文章的信任有限。雷神参考小米的经验，一直就有做开放公测的想法。但是，这种做法同制造业的常规做法又是有冲突的。原有的做法都是害怕出错，努力将产品做得完美、完美、再完美，然后才推出去。但团队成员发现，这种所谓的完美也只是站在企业角度的看法，并不是用户认为的完美，还是一种封闭的做法。在反复斟酌之后，由于对雷神911这款产品非常有信心，于是团队决定将这一想法付诸实践（见图1-1）。

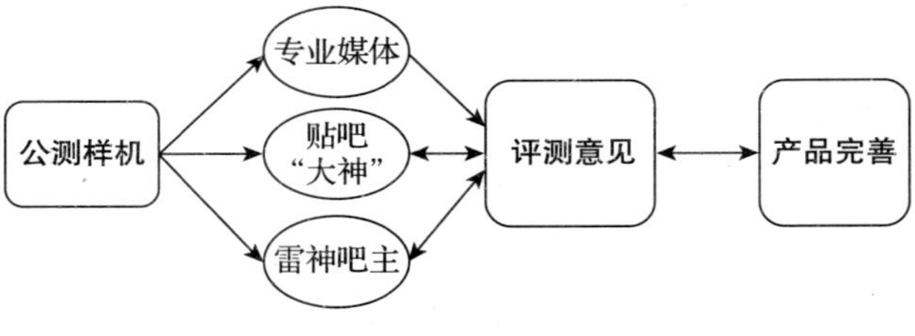

图1-1　雷神911开放公测流程

寻找“三昧真火”。进行开放公测，第一个问题就是由谁来做评测。雷神拿出了30台样机，其中10台交给雷神贴吧的小吧主；另外10台交给专业媒体进行评测，与以前不同的是，这次不是雷神主动找媒体，而是样机照片晒出之后就有大量媒体在第一时间主动联系雷神要求参加测试；剩余的10台则由在百度笔记本贴吧、显卡吧、键盘吧等相关专业贴吧中筛选出的中立用户进行评测。这些中立用户是公开PK出来的，每一名竞选者都要把自己的评测经历和专业水平“晒出来”，最终产生了10名公认的“大神”级的用户，成为雷神911的公测工程师。专业媒体、贴吧“大神”和雷神吧主三类人群组成了雷神的公测用户，组成了检验雷神911品质的“三昧真火”。

“超级大神”的挑战：只对自己的名誉负责。与媒体和雷神的吧主不同，参与公测的10名中立用户给雷神带来了极大的压力。PK产生的这些“大神”身份完全独立，他们发布的测试报告只对自己的声誉负责，所以在评测时要求尤其严格。例如，一位绰号“火鸟”的用户同时担任着多个笔记本贴吧的资深吧主，可以说是“大神”中的“超级大神”，他的评测方式比专业工程师还要严格。一般来说，对游戏本进行测试通常是进行跑分或者游戏测试，但“火鸟”采用了一种很极限的“死循环超频”测试方法，将各部件功能参数同时拉到峰值。雷神产品总监李艳兵说：“这个测试方法比我们的还要严格，我们从没这样玩过，搞得我们确实有点骑虎难下。”

用户确定的游戏本标准。“火鸟”向雷神提出了很多改进意见，当雷神将其反馈给上游的制造厂商时，厂商的工程师却表示这种测试方式过于极端，不愿对产品进行修改。雷神与产品制造商一时陷入僵持，迟迟不能给“火鸟”答复。“火鸟”见雷神没有动静，就将评测报告发到了网上。李艳兵说：“报告基本还是客观的，但明确指出我们没有回复他，网友就很支持他，我们压力就很大。”“火鸟”表示，自己之所以采用这种“超频”的测试方式，就是因为游戏本的特殊用途要求其必须具备超频能力，这就是游戏本的标准。他特别强调：“如果达不到这个标准，就不要说自己是做‘游戏本’的，还是叫‘笔记本’吧。”

用户说了算：不改就不出货。雷神向产品制造商带去了“火鸟”等用户的意见，表示“不改就不出货”，迫使制造商同意修改，并连夜召集工程师制定方案。按照原有计划，实际上当时已经进入到产品批量制造阶段，由制造工程师（PE）负责，但这些问题回过头来需要研发工程师来解决的。所以，研发工程师就很不情愿地出场了，这些人本身也是业内专家和“大牛”，对于一般的意见，基本上一两句话就顶回去了。实际上，有时候就连老板也是拿他们没有办法的。但这一次为了做出真正的“游戏本”，他们最终还是接受了来自用户的意见，给出了修改方案，这将使产品上市时间延长 9 周，还要追加成本费用。

事实说话：雷神 911 热卖。公测不仅帮助雷神对产品进行了改进，也起到了售前传播的作用。尤其是中立用户发布的评测报告，其专业程度和可信度方面不逊于专业媒体，在贴吧中引起了很大反响。第一批 500 台雷神 911 在京东上市后不到一秒的时间，便被抢购一空，甚至有用户在贴吧里发起了晒购买时间的活动。有人说用了 0. 25 秒，马上就有人晒出 0. 2 秒的成绩。这是游戏人群的一个“情结”，就是比谁手更快。

在第一批产品被产品被抢购一空之后，第二批雷神 911 在京东上采取了预订的方式，用户需要预先缴纳 99 元定金，在上市当天再交齐全款。这种预订形式在游戏本行业只有另外一家厂商曾经尝试过，结果只预订出 50 多台。雷神原计划第二批上市 2000 台，由于预订人数增长迅速，京东要求增加订单，最终确定为 2500 台。

又有新问题了。雷神 911 的热卖并不是故事的结尾。在这一系列的“第一次”中，雷神又遇到了一系列新问题。例如，第二批雷神 911 的付款时间起初定为上午 8 点 08 分，很多用户“吐槽”说这个时间正在上班的路上，于是将时间调整为中午 13 点 08 分，却又遭到了另一批特意早起等待付款的用户的“吐槽”。又如，雷神为第一批 500 名用户定制了标有用户姓名和购买机器序号的首批购买纪念金牌，原计划 2 ~ 3 周寄出。结果厂家方面出现问题，这些金牌上下摆放时粘连在了一起，不能按时发货。面对用户的追问，雷神经过权衡决定公布产品图片，向用户坦言出现生产问题，不能及时发货，最终用户表示理解。计算机平台主周兆林感言："用户就是需要一个态度，一个有错就认、知错就改的态度。"

粉丝共治：用户即员工

铁粉成员工。经过一年的时间，雷神的粉丝群规模已经超过了100万人。在产品上市初期，雷神团队与几乎每一位用户都进行过直接交流，为他们解决问题、提供售后服务。随着粉丝群的不断壮大，在粉丝中涌现出以"雷神笔记本吧"小吧主为代表的一群铁杆粉丝，这些小吧主逐渐成为雷神粉丝交互模式中的重要一环。他们本身既是用户，又非常熟悉雷神，无形中就担当了很多为用户服务的工作。

互联网环境对客服的要求较高，不仅需要懂技术、懂产品，又要能够与用户沟通，这种工作人员的培养周期很长。如果采取传统的做法，先培训再上岗，不仅跟不上用户增长的速度，而且专业性方面也很难满足。经过各种尝试之后，雷神发现小吧主是客服的最佳人选，他们是最懂产品和用户的。

共同治理。雷神现在已经将小吧主和自身的客服人员组合成为一种混合式的客服模式：小吧主负责回答用户的技术问题，比如如何安装系统、如何改装硬件；雷神客服负责解决产品问题，比如产品质量和退、换货等。为了保证小吧主和客服的信息共享，雷神打通了这两个群体的微信圈，让小吧主能够及时掌握雷神的最新动态。

此外，小吧主遇到不能解决的问题时，会在专门设立的"吧主议事群"中与雷神团队进行交互。雷神团队目前仍保持着对用户的关注，每天都会浏览贴吧中的帖子。除了吧主和普通用户，雷神团队还负责与业内的第三方"高人"（如参与公测的"大神"、顶级电竞选手等）进行直接交互。这些"高人"具有丰富的专业知识和公正的立场，常常会提出意想不到的建议。

再有，雷神团队在一款产品上与产品制造商出现了分歧，雷神认为应该采取A类配置，而制造商认为应该采取B类配置，双方争执不下。最终双方认为应该听从用户的选择，经过同粉丝的交互，最终选择了C类配置，结果引爆了市场。

尊重：最有效的激励。如何激励这些吧主与“高人”，以增强他们对雷神的认同，这是个很敏感的问题。显然，支付金钱报酬是行不通的。一方面，这些吧主和“高人”的物质条件普遍较好，并不需要通过雷神牟利；另一方面，支付金钱报酬，就将雷神与他们之间的情感纽带染上了交易色彩，破坏了他们的中立性和可信度。权衡之后，雷神的解决方法是“要让他们感受到我们的尊重”。

例如，在上海举行的ChinaJoy展会（全球数码互动娱乐领域最具影响力的盛会之一），雷神邀请了小吧主和参与公测的“大神”们参加，并且专门拿出半天时间邀请他们参与雷神展台的互动，让他们感到雷神是自己的雷神。再如，雷神周年庆在广州的“小蛮腰”举办，邀请了这些铁杆粉丝参加，一进会场，在大家穿上带有雷神标识衣服的那一刻，这场庆典就已经成为大家共同的庆典，雷神团队与雷神粉丝彻底融为一体，都是主人没有客人。粉丝也自发地找到自己的岗位，做这做那，井然有序。

共同的信念。雷神团队将自己的精神总结为“卓越源自热爱”。雷神的粉丝社区能够不断扩张，关键就在于雷神与粉丝秉持共同的信念——对游戏的热爱。产品总监李艳兵说：“诚实、诚信，都源于热爱。”出于对游戏的共同热爱，粉丝们能够对雷神产生信任，小吧主能够不计报酬地为用户服务。雷神的贴吧中并非没有争吵和对雷神的责问，但不论是吧主还是普通粉丝，都能够做到坦诚交流。这种公开、友好的社群秩序，源于雷神与粉丝共享着相同的信念。

作为一个“互联网玩法”的新创品牌，雷神进行了很多业内从未有过的尝试，而尝试的结果往往是自己的计划被彻底打乱。秉持着对卓越的追求，虽然计划被打乱，雷神仍努力完成既定的里程碑节点，实现对粉丝的承诺。600多万粉丝的监督，是雷神完成节点目标的最强动力。

本章结论

转型的最大障碍是组织僵化，它是横亘在企业和用户之间一道道难以逾越的鸿沟的根源所在。这一转型障碍的消除需要“四位一体”的变革，即观念、业务流程、组织结构和资源配置机制的变革。观念变革的核心是对企业、员工和用户概念的再定义；流程变革的核心是从串联流程转变为并联流程；组织结构变革的核心是从金字塔结构转变为开放的平台生态圈；资源配置机制变革的核心是从上级审批机制转变为用户配置资源机制。

企业不应为转型而转型，转型要为用户创造超值体验，带来有情感的产品和服务。转型领导力不是领导者领导力和追随者领导力的代名词，其本质上是用户领导力。

第二章 企业即人：人人创客

转型的内生力量是什么？

转型需要什么样的“场”？

如何推进人的转型？

第一节
“人”是目的

百年管理发展：“人”与“物”之辩

1911 年，泰勒《科学管理原理》的出版标志着管理学的诞生。回顾 100 多年来管理理论的发展，可以清晰地看到管理理论具有极强的现实针对性，总是在努力回答现实世界中的突出问题（见表 2－1）。

20 世纪初，如何有效衡量工人的工作，解决“磨洋工”问题是当时的重点。但那时的研究重点就是如何提高工作效率，工人就如同其他生产工具一样。“现在，对适合将搬运生铁作为职业的工人的首要要求就是，他得像牛一样蠢笨和懒散，他很愚蠢，像‘百分比’这样的词语也理解不了，因此，他最终必须接受一个比他更聪明的人的训练，在他取得成功之前，根据科学原理训练他掌握工作的习惯。”这就是泰勒对当时工人和管理工作的刻画。

那时，钢铁和汽车的大规模生产已经开始，企业的规模不断扩张。到了 20 世纪 20 年代，如何有效管理规模不断扩大的企业，提高组织的有效性，就成为管理中的突出问题。这些问题当时在汽车行业最为突出。20 世纪 30 年代，美国经历了经济危机，开始对“人”的问题展开研究。人工作到底为了什么？如何提高“人”的积极性？梅奥通过霍桑试验开始了他的“人性”初探之旅。

20 世纪 40 年代，战争走入人们的生活。战时需要大量的军事物资，为了保证这些物资的质量，质量控制问题就成为当时的突出问题。事实上，在解决质量控制问题的过程中，“人”不自觉地又被物化和工具化。20 世纪 50 年代是一个繁荣的年代，如何有效激励“人”成为当时关注的焦点，人性理论三剑客——亚伯拉罕·马斯洛（Abraham H. Maslow）、弗雷德里克·赫茨伯格（Frederick Herzberg）、道格拉斯·麦格雷戈（Douglas M·Mc Gregor）对此做出了突出的理论贡献。

到了 20 世纪 60 年代，如何有效地计划未来、战略问题如何逐步浮出水面都成为当时现实中的主要问题。战略问题的提出引入了环境和资源的概念，但当时的一个基本假定就是环境是可以预测的。20 世纪 70 年代，一方面，美国经济出现了波动，道琼斯指数大跌；另一方面，计算机、彩色磁带录像机、有线新闻网络和随身听等新技术产品开始走进人们的生活。既有的企业组织如何适应这种变化？很多企业都还沉浸在繁荣顶峰的假象中，但新技术的应用已经在捅破这些繁荣的泡沫。如何适应这些没有预测到的环境变化，这就是当时企业遇到的困境。从企业内部出发，管理者如何更有效地工作以及提升组织学习能力就成为研究者关注的重点。

20 世纪 80 年代，美国企业逐步受到来自日本企业的挑战，如何能够做得更加卓越以及新的竞争优势是什么，就成为当时需要回答的问题，人与企业、人与工作、文化与人、民主管理日益成为关注的焦点。20 世纪 90 年代，随着环境变化的加剧，理论界开始反思原有的战略管理理论机械性和僵化的一面，更加关注企业自身的核心竞争力，这也预示着战略管理研究的“归核”，即超越机械的战略管理框架，再一次将研究的注意力放在了组织中人的身上，寻找最独特的核心竞争力来源。

进入 21 世纪，企业的外部环境更加表现出不确定性的特征，加之国际金融危机的爆发和一系列新技术的加速应用，在位企业受到前所未有的冲击，在数字化的商业情景下，企业本身的内涵在发生着变化，尤其是安德鲁·麦卡菲（Andrew

Mcafee）和埃里克·布吕诺尔夫松（Erik Brynjolfsson）对技术指数化增长、数字化和组合化发展的论述，使我们看到数字技术正快步走进我们的经济、社会和生活，让我们再次思考人与机器的关系是互补还是替代，以及未来人在管理中扮演何种角色。在不确定的时代背景下，只有激发人的活力，避免物化，才有可能更加有效地应对环境的变化。哈默在《终极竞争》一书中，将未来企业间的竞争归结为员工激情的竞争。无疑，外部环境变化越快、不确定性越强，“人”的因素就越凸显。

表2-1　管理发展历程的简要回顾

年　代	现实问题	代表性理论著作举例	代表性人物举例
1910～1920年	“磨洋工”、工作的衡量	《科学管理原理》、《行政管理》	泰勒、法约尔、吉尔布雷斯、甘特、福特
1921～1930年	组织的问题	《社会和经济组织理论》、《经理的职能》	韦伯、巴纳德、斯隆
1931～1940年	人性初探	《工业文明中人类的问题》、《动态的行政管理》	梅奥、福列特
1941～1950年	质量控制	《质量统计方法》	谢尔沃特、戴明
1951～1960年	激励与营销问题；企业是什么	《激励因素》、《企业的人事方面》、《激励与人性》、《管理的实践》、《营销近视》	赫茨伯格、麦格雷戈、马斯洛、德鲁克、列维特
1961～1970年	战略是什么	《目标管理》、《战略与结构》、《公司战略》	德鲁克、钱德勒、安索夫
1971～1980年	组织的困境	《管理工作的本质》、《组织学习》、《竞争战略》	明茨伯格、阿基里斯和施温、波特

续表

年　　代	现实问题	代表性理论著作举例	代表性人物举例
1981～1990 年	竞争优势从哪里来	《Z 理论》、《追求卓越》、《国家竞争优势》、《组织文化与领导》	大内、彼得斯和沃特曼、波特、沙因
1991～2000 年	战略的反思	《战略计划兴衰》、《竞争大未来》、《企业再造》、《创新的困境》、《精益管理》	明茨伯格、加里·哈默和普拉哈拉德、迈克尔·哈默、克里斯坦森、大野耐一
2001 年以后	不确定性	《耐力制胜》、《大爆炸式创新》、《价值观管理》、《终极竞争》、《第二次机器时代》	库苏麦诺、唐斯和努内斯、多伦和加西亚、加里·哈默、布吕诺尔夫松和麦卡菲

资料来源：在克雷纳（2003）基础上整理补充。

控制与自主的平衡：人性再发现

在管理理论发展中，从最初泰勒将“人”等同于“物”，到梅奥对“人”的初探，以及后来“人性理论三剑客”对人性的再发现和亨利·明茨伯格（Henry Mintzberg）从管理者日常行为的视角来定义管理，我们可以看到，在不同现实环境下，管理研究中对“人”的重视程度和研究视角是有差异的，尤其是遇到经济危机或者是重大技术变革的时候，就更加关注对“人”的研究，更加关注从“人”本身出发来研究和思考，而不是从“物”出发来研究“人”。总体上来说，管理理论发展呈现出“从物到人”向“从人到物”的变化，这种变化的背后是管理在控制和自主之间寻找新的平衡点。

长期以来，效率问题一直是管理理论研究的中心。无论是泰勒对工作的衡量，还是梅奥的霍桑实验，以及后来激励问题和竞争战略的研究，这些研究关注的都是如何更有效地利用现有的生产要素组合提高产出效率的问题。但随着外部环境的变化，人们将研究的注意力转移到发现生产要素的新组合，强调对现有资源之外机会的把握。而其中的关键就是释放企业组织中“人”的作用，这恰恰是无法通过控制做到的。

无疑，在新环境下要求管理的平衡点要更多地超越控制，向自主靠近，或者说去控制导向成为新的重点。虽然，早在20世纪五六十年代，“Y”理论中已经强调了员工的自我激励作用，相关的自主管理实践也已经展开，但在既定的层级组织中，组织和个人并不是平等地进行对话。先组织后个人的思维定式，加之自上而下的控制体系，使得这种自我激励的作用无法得到有效释放。因为在我们对管理的理解当中，不经意间就把管理等同于控制，嵌入管理者和被管理者的框架中了，人性当中的自主性、创造性和激情无法得到有效释放。

金字塔组织结构的锁定，使得从个人到组织的思维路径变得异常困难。当个人进入这个组织，注定最优选择就是从一个小齿轮转变为一个更大的齿轮，齿轮大小的变化在一定意义上意味着获得自由的空间。但齿轮总是在层级中被驱动，而无法实现自驱动，真正获得自主性。无形之中，人就被物化了，又变成了管理的手段，而不是管理的目的。因此，要释放人的自主性和创造性就需要打破控制的约束，甚至在失控的状态下才能真正发现和认知，从而达到新的平衡。

不尽之行：释放员工自主性

创业至今30多年，海尔对于释放员工自主性的探索从来没有停止过。从员工命名到自主管理班组、SBU，再到自主经营体、利共体和“小微”。虽然在不同阶段所采用的方式不一样，但目标是一致的，就是使企业的每一位员工成为自己的主人。

20 世纪 80 年代，以员工命名创新，激发员工个体的创新意识。比如，启明焊枪、晓玲扳手等做法在员工中形成了对创新的认同和尊重。至今，这些员工创新成果还陈列在海尔文化展中。

20 世纪 90 年代，探索班组自主管理班组建设，激发员工的团队创新意识。1992 年，冰箱厂正式提出以自主管理为重点，开展班组建设升级达标活动，从合格班组升级为免检班组、自主管理班组。1994 年，冰箱二厂门封条韩美丽班组从免检班组升级为全厂第一个自主管理班组。

2001 年，随着海尔国际化的不断深入，为了使每一个员工成为自主创新的主体，海尔又开始 SBU（战略业务单元）的探索，将企业的三张表（损益表、资产负债表和现金流量表）转化为员工的三张表，试图将企业目标分解为个人目标，为员工打开通过自主创新实现目标的空间。

2009 年，海尔开始在冰箱产品线和胶州市场做自主经营体样板，提出“每个员工都是自己的 CEO”。2010 年，自主经营体开始全面推广，并将“用人权和分配权”赋予自主经营体。2011 年，已经形成三级三类 2000 多个自主经营体。同时，组织结构也逐步从金字塔形向倒金字塔形转变。2012 年，自主经营体的管理模式进一步完善，重点强调自驱动机制。

2013 年，海尔开始推行利共体和“小微”的组织模式。员工在“小微”中，不仅拥有了决策、用人和分配权，而且同海尔之间的关系已经超越了雇佣关系，成为价值共创和共享的关系，双方的权利可以通过股权来实现，员工成为“小微”真正的主人。截至 2014 年年底，海尔已经涌现出 200 多个“小微”。

从全球范围来看，做自主管理实践探索的企业有很多。比如，沃尔沃、“全食”超市、墨西哥水泥、戈尔、京瓷公司等。有的甚至早在 20 世纪五六十年代就已经开始做出尝试，但海尔在深度和广度上更具特色。从深度上看，海尔真正突破了金字塔组织结构的束缚，超越员工和企业之间的雇佣关系，在用户价值共创和共享层次上实践自主管理。从广度上看，海尔不是在一个部门或者一个环节开展自主管理实践，而是在整个企业全面推广。

当然，凡此种种都与海尔创始人张瑞敏的观念和经历有着密切关系。他始终坚信，"企业即人，就是说企业所有的资产要增值都要靠人，人是企业的关键，经营企业就是在经营人。如果把人抛到一边，资产负债表就没有多大用途，只是冷冰冰的数字。就像青岛有一句老话：'死店活人开。'同样一个店，两个不同的人开效果就不一样。"在一次访谈中，他曾谈道："我在工厂一线干了十多年，我非常清楚，一个小小的班组长，他一句话就是普通员工头上的一座大山，他可以决定你干什么，干多干少，拿多拿少。"

实际上，做到"小微"这一步之后，海尔还在通过构建全球创业平台、"小微"生态圈等多种方式，在开放的环境下探求员工自主性的释放，寻找企业持续成长的内生力量。

第二节 活力"场"

在物理学中，场是一个以时空为变量的物理量，它把物理状态作为空间和时间的函数来描述，本质是对空间中的每个点赋予一个量，可以是标量、向量或者张量。在管理学中，知识创造之父野中郁次郎借用场（Ba）的概念指代知识创造的有形（如会议室、工作现场）和无形（如企业文化）的场所，也有人强调这个场是一个精神空间，而不是物质空间，是大家所处的共享情景和氛围。我们在这里借用场的概念，从空间和时间的维度对企业组织的活力进行描述。

实践中，海尔活力“场”的空间维度在不断深化和拓展，不仅通过有形和无形的方式渗透到组织的每一个角落，使它的渗透力增强，而且还通过消除企业边界和从外部引入新的活力，使其开放力得到提升。更为重要的是，在时间维度，海尔以观念引领的方式为活力“场”注入超前量值，又紧紧抓住当下行动，快速提升当下的量值。这就是在时空维度上，海尔提升活力“场”量值的基本原理，但渗透力、开放力、超前量和当下量这些词语依然是较为抽象的。现实中，观察一个组织是否真正有活力，关键是看一线员工的活力。透过“活力秀”这个基层员工自己组织的活动，我们可以看到海尔活力“场”的一个生动侧面。

激发一线员工的活力

如果一线员工没有活力，一个组织何言活力？“活力秀”可以追溯到2011年，是由海尔企业文化中心发起并积极推进的。此时，海尔在推进人单合一管理的过程中，正遇到如何突破金字塔形组织束缚的难题。这是一个破立转换的过程，在打破金字塔形组织束缚的同时，还需要建立一系列新的组织运行机制。例如，抢单、官兵互选、鲶鱼、人单酬和用户评价等，这些新机制在一开始多多少少还是比较抽象的，或者说还停留在对字面含义理解的层面，甚至在管理层当中也是比较模糊不清的，如何深入一线，让每一个员工认知和践行，就成为打破金字塔形组织束缚必须要解决的问题。

一放就乱的担心。当时的管理者，或者说中层，虽然看到了要建立新机制，但并没有真正从观念上突破，改变自身管控的行为习惯。管理者心中依然缺乏对员工的信任，认为员工能力有限，没有从激发员工活力和创造性的角度去切入，担心一放权就会失控。显然，看到、知道并不等于能够做到。中层都没有突破，还要想深入一线，这对释放员工活力而言，是一个不小的挑战。

我们不是机器、螺丝钉。从需求角度讲，一线员工处于金字塔形组织结构的底端，是受约束最为集中的群体，也恰恰是最有获得自主愿望的一个群体。尤其对于处在生产线的一线员工而言，他们工作时间长，有些岗位还需要轮班，员工的工作生活单调，缺乏热情，容易使人疲惫和厌倦，让员工产生人为机器、螺丝钉的感觉。此外，值得一提的是，现在处在生产一线的员工有很多是“90后”，随着收入和受教育水平的提高，他们对待生活的态度、对工作的期望、对人生的抱负都与上一代员工有着显著差异。在他们的内心当中有着强烈实现自我价值的愿望，是不甘被物化和固化在生产线上的。为什么不能够激发他们身上的活力，让他们成为自己的主人呢？

激发离用户最近的人。我们很多时候在谈论将产品和服务做到极致，做出有情感的产品和服务，似乎都是站在战略的高度，很是“高大上”。但“极致”、“情感”从哪里来？具体做这些工作的人，恰恰是一线的员工。本质上，他们才是离用户最近的人，他们的状态直接决定了我们的战略是否能够真正落地。

迈出自主的第一步

这里是海尔大连园区的一个场景，2012年10月开展了第一季“活力秀”。

如何做到机会公平？开展第一季“活力秀”时，设立了多种渠道与员工互动，方便员工参与。一是在员工每天都要使用的打卡机旁边张贴“活力秀”的海报，欢迎一线员工积极报名竞选加入员工组委会；二是将海报张贴在餐厅门口，方便员工在排队打饭时看到海报，便捷地完成报名和投票；三是通过传统的层层宣传渠道，通过班前会、班后会号召员工积极报名参加；四是员工直接向园区营运支持平台长报名。这样多渠道的做法，就是为了吸引员工积极参加，降低他们参加的门槛，保证大家都有公平的参与机会，使这件事情变成大家自己的事情——我要做，而不是要我做的事情。

让员工行使自主权。海尔在大连园区的冰箱、空调和精密三个工厂分别设立了员工组委会招募点。经过海选确定员工组委会申请人名单后，再由全体员工给候选人投票，各工厂得票数最高的两位进入员工组委会，共计6人。

观望。员工组委会虽然成立了，但成员心存顾虑，担心承担额外的工作任务，因此都没有积极地竞选员工组委会的组长，内心或多或少地处在观望的状态。最后，冰箱大连总装A线经营体的“90后”员工付婷婷鼓足勇气站了出来，担任了员工组委会组长，同时担任“活力秀”的总策划。

初步尝试。随后，他们确立的目标是要给大家一场与众不同的“活力秀”，借鉴了流行的电视节目《非诚勿扰》的做法，给明星员工录制VCR，展示他们的才艺秀、创新秀和生活秀等，将员工工作和生活的场景展示出来，第一次为普通员工搭建了一个展示自我的舞台，让每个人都有了成为主角的机会。大多数员工都是第一次有机会面对镜头，不免有紧张感。各方纷纷给出镜的员工鼓励、打气，消除他们的紧张感，自然秀出员工的真实工作、生活场景。随着活动的开展，这些年轻的员工逐步找到自己的价值，找到有别于齿轮和螺丝钉的新感觉。

自主前行。虽然是一次活动，但这也涉及如何进行有效的组织管理，对任务的界定和分解。员工组委会刚开始也有些忙乱，但工会没有越俎代庖直接去做，而是告诉他们有哪些资源可以用。为了保障员工组委会的正常运转，第一季“活力秀”设立了资源保障团队，分别为“活力秀”提供策划、道具制作、啦啦队组织、摄影、奖品采购、背景布置、计分、舞台搭建、音响、VCR、灯光布置以及宣传海报等支持工作，而且资源保障团队也是由一线员工通过抢单来组成的。工厂运营支持平台长吴艳艳说：“其实对于我来讲，我主要考虑的是让他们的热情不要灭，所以我要通过一些很好的保障，能够让他们热情一直高涨，让这个团队有效地运作，这个可能是我在这一季里面起到的比较大的作用。”事实上，通过员工组委会和资源保障团队的运行，我们已经可以看到组织的新秩序正在逐步形成。

值得一提的一个细节是，在大连园区“活力秀”现场并没有专门为园区和各经营体管理层专门设立座席，所有到场人员均一视同仁，管理层和员工层之间没有区别，便于相互交流，保持了“活力秀”活跃、自主、平等的氛围。

从自主到自治

导入鲶鱼机制。第二季“活力秀”员工组委会又进行了升级，设立了鲶鱼库。既为员工组委会施加了一定的竞争压力，又在必要时替换不再适宜担任员工组委会的成员，保障了员工组委会高效、平稳地运转。以前，海尔的鲶鱼机制主要是针对中层以上职员，对各中层以上职员均备有“鲶鱼”，离一线员工尚有距离。目前，已经有三名成员因为工作变动等原因退出了员工组委会。相应地，也有员二由“鲶鱼”竞聘进入了员工组委会。

抢单。第二季“活力秀”员工组委会组长李健是冰箱大连总装 A 线经营体设备组的一名普通的“90 后”员工，因发明了防静电工装而成为工厂的创新明星。他在学校时具有活动组织经验和文艺特长，带着“活力秀”的组织方案，通过海选入选第二季“活力秀”员工组委会，并经过晒单、抢单成为组长，而第一季“活力秀”员工组委会组长付婷婷则成了“鲶鱼”。

这种能上能下的机制，保证了员工组委会组织能力的升级。工厂运营平台长吴艳艳说：“我觉得这个动态的机制就是让这个水一直是活的，而不是说你想干或不想干都在这里边。这样的话可以保证这个小的自治组织能够高效地运转。如果大家都只靠着一两个人去干这么多的活，肯定到最后热情也变成压力了。”

同时，在第一季的基础上，第二季“活力秀”员工组委会集体商议，将“活力秀”可能需要的工作细化分解成 10 余项‘高单”，并分别设置“高酬’，晒单后再由“高人”按照兴趣和能力抢单。因为有了人单酬机制，承担工作的人有了一定的激励。在抢单过程中，如果同一个单的多名抢单者同样出色，则由他们共同承担；如果其中一个相对出色，则由此人接单，其他人可选择做助理或退出。

作为一名普通的一线工人，李健对于员工的工作生活状态和心理感受十分了解。在李健的组织下，员工组委会对全年的“活力秀”方案都做了计划，包括时间（分别是3月、6月、9月和12月）、地点、主题（如大连园区趣味运动会、创新 & 创意达人秀、海尔历史文化展示秀）。作为组长，他不仅完成了本职工作，还通过电话、短信和QQ等即时通信工作努力营造轻松、平等的工作氛围，让成员在心情愉快的状态下开展工作。“因为我感觉在好心情的状态下干活，做一些工作，比在坏心情的状态下要出色得多……如果压力很大，本来他工作上还有压力，然后你搞这个活动再有压力，压力就成负荷了，一有负荷之后人就等于生锈了，运作越来越慢。如果把心情调整好了，心态放宽了，情况就不一样了。”李健如是说。

持续升级。“活力秀”的升级还在继续，人单酬、活力账户等新机制进一步得到应用，以前需要工会专门组织、费力不讨好的活动，现在已经由员工自主完成。一位员工说：“如果这个活动不是我们自己组织的，就是获得名次和奖品，也觉得没意思。”

员工的自主与尊重

“活力秀”在一定程度上改变了员工的角色。付婷婷是第一季“活力秀”员工组委会的组长，是海尔大连园区冰箱大连总装A线经营体的一名普通的“90后”一线员工，工作两班倒。在“活力秀”之前，他和园区数以千计的一线员工一样，从事着最基本的生产工作。他们平时的工作辛苦、单调、简单重复，甚至乏味，没有机会展示才能和个性，难以引起他人的重视。在这样的环境下，每个员工都过着程式化的生活，极容易产生压抑感和工作懈怠。对于“90后”员工而言，他们更需要的是他人的尊重，个人价值得到认可。付婷婷说：“自己也不知道原来还可以策划、组织这样一场大型的“活力秀”展示，并获得成功。”可以说，“活力秀”为普通员工提供了公平参与、团队协作、展示才能的机会，他们在活动中得到了众人的认可，获得了自信和自尊。

海尔大连园区的“活力秀”作为各地海尔园区的标杆，得到了集团的高度认可，独享“海尔集团2012年度‘活力秀’自主自治奖”，张瑞敏亲自为付婷婷颁奖。

管理层与普通员工之间的关系也在发生着微妙变化。在“活力秀”以前，企业层级观念较重。而通过开展活力秀，员工自主自治，机会公平，公平观念逐渐强化，管理层与普通员工之间的交流互动不断增强，彼此之间的关系也更为融洽。有些参加“活力秀”的员工还代表所在的班组、线体或经营体，为集体争荣誉的使命感较强，得到了同部门同事的大力支持，也增进了员工与组织之间的联系。管理层对于员工在“活力秀”中所表现出来的热情、认真态度和新创意也感到惊讶，更加直观地认识到向员工放权的重要性。

对此，大连冰箱资源类经营体侯庭毅说：“员工其实不比我们差，以前没干好的原因是管住了他们，主动性没有发挥出来。”顺德工厂负责人回忆说：“当时举办“活力秀”正值生产旺季，生产任务非常饱满，我担心搞活动会影响生产，没想到员工们积极性这么高，活动也举办了，生产任务也超额完成了，我真的被那种氛围感动了。‘活力秀’就在车间举办，一边是气氛热烈的“活力秀”，一边是紧张有序的生产现场。”

看到这里，你可能会觉得“活力秀”与生产车间是格格不入的，二者反差太大。实际上，这些细微之处恰恰是海尔管理哲学的本质体现——海尔总能够在这种矛盾中寻找到解决路径，总能够在正反之间寻找到合的道路。事实上，“人”的活力得到激发是一个基本前提，基于此，我们可以在控制和自主之间寻找到新的平衡，而不是一味地只从控制的角度出发。

无界的活力“场”

其实，“活力秀”只是海尔活力“场”的一个侧面。在创客咖啡、创客大赛和创客空间等活力“场”中，创客的活力在释放、智慧在激荡，而且最大的特点就是无界。现实中，海尔的活力“场”已经超越了厂区、办公室和网络空间等有形和无形的空间边界。一些“小微”身处海尔之外，他们直接面向用户，独立运营，完全接受来自市场的检验。无疑，开放的环境、高保真的市场信号为这些“小微”注入了无穷的活力，工作即创业成为这些“小微”的价值理念。还有一些认同海尔全球创业生态圈的创业者，他们已经或者正在向这里会集，新力量的注入又代表着新的活力。站在时间维度上，新旧总是相对的，而海尔全球创业生态圈所要做的就是源源不断地吸引全球创业者的加入，持续注入新的活力。

第三节 我是“创客”

员工角色的新定义：创客（Makers）

创客时代。《连线》杂志前主编克里斯·安德森倡导的创客运动在全球风起云涌，创客空间、创客实验室在各地纷纷设立。创客运动之所以能够兴起，除了技术因素之外，还有一个重要因素就是每个人心中都有一个梦想——亲手实现自己心中的创意。开源的软硬件、数字制造、3D 打印，这些新技术的加速应用使得我们每个人心中的创意和梦想都变得唾手可得，每个人都有更大的可能成为创客，去亲手实现自己心中的梦想和创意。

员工创客化。人单合一管理的一个重要方面就是要实现人从两分到合一的转变，实现员工和用户这两种社会角色从分离到合一的转变。对于员工而言，做任何事情的起点都是发现自己身为用户时，隐藏在内心的需求。然后，就是尽最大努力，让梦想成为现实。换句话说，就是满足用户需求，为用户创造价值。实际上，员工这时已经被赋予了在安德森语境下的创客角色。但是，海尔所说的员工创客化还不仅限于此，还被赋予了创业者的角色，就是实现自己创意和梦想这件事情，不仅能够利己，而且能够在更大范围内利他，成为一种新的事业。为了简化理解，我们给出以下公式：创客 = 梦想者 + 行动者 + 创业者。

2014 年 3 月，安德森来海尔调研时说："在海尔，创客是个动词，创客两个字蕴含的思想力量是颠覆传统思想的精神武器。"是的，在人人创客这一员工新角色的背后，更本质的是企业和员工之间的关系正在从雇佣转向共创、共享。

雷神出世

做回自己的主人。2013 年 12 月 26 日，海尔 29 周年创业纪念会上，张瑞敏正式提出了企业平台化、员工创客化、用户个性化，对员工角色赋予新的含义——创客。无疑，创客的角色定义点燃了员工隐藏于内心中的梦想，自身作为用户时的不满现在就演变成了创业的机会。接下来就是马上行动起来，把梦想和创意变成现实的原型，并进一步演化成为一项事业。雷神作为一个游戏本品牌，是由海尔电脑板块笔记本产品线的三个"85 后"年轻人李艳兵、李宁和李欣在 2013 年 12 月创立的。这三个年轻人所做的这件事情，当时我们可以有一万个理由去质疑，他们没有显赫的学历、辉煌的工作经历、年纪轻轻，就是海尔一线最普通的员工，所处部门同海尔的强项——冰箱、洗衣机和空调比起来，也是一个相对后进的部门。但就是他们，经过一年多的努力，已经在游戏本领域名列前茅，并且连破京东股权众筹和产品众筹纪录，完成了A轮社会化融资。

你可能会感到奇怪，在几万人的海尔中，他们并不突出，为什么他们会涌现出来？毕竟是万分之几的可能，是小概率事件。而且，他们还从星星之火渐成燎原之势。归根结底，这离不开海尔特有的“场”。记得在刚起步时，它就引起了《海尔人》的关注；在第一期创客咖啡上就有外部专家、雷神创客、平台主和其他员工之间的思想交锋和智慧碰撞，这里不仅有赞许，更有质疑和建议；在集团周例会上，雷神案例也得到讨论，张瑞敏还在一次会上提议大家为雷神鼓掌，这在以前似乎是没有过的。无形中，创业团队更加坚定了创业信心，更清晰地认识到创业的艰难，以及具有了更加开放的创业心态。那么，海尔的活力“场”到底是什么？它不是轰轰烈烈、大张旗鼓地鼓动一番，而是让员工认知到自我，做自己的主人，点燃内心的“小宇宙”，让内心更具有张力。

三个年轻人都是游戏迷，自己在打游戏的时候经常会遇到机器卡、散热慢等问题，但现有产品都没有很好地解决这些问题。同时，自己所处的笔记本业务部门业绩平平，随时都有被解散的可能。一边是自己作为用户真实感受到的市场机会，另一边是要被解散掉的压力。面对集团鼓励创业的政策，为何不能做一款真正的游戏本产品呢？与其被解散掉，还不如自己闯出一条路，做自己的主人。

行动优先。李艳兵谈道：“传统的做法都是从产品到用户的模式，先同京东、天猫这些渠道联系，然后上货，一上就是30多款产品，老实讲，连我们自己都记不住这些产品型号，更何况用户呢？大家心里都明白，这种模式是没有出路的。倒不如换个思路，从用户出发，做好这几款用户真正想要的产品。想到了就开始行动，我们就从用户在网络的差评入手，泡论坛、贴吧，在QQ上进行交互，先后搜集了3万多条差评，然后进行分类，再开发出一款自己作为用户想要的产品。没想到首发500台很快销售一空，并且还有3万人预订；一个月后，第二批3000台上线，21分钟售罄。”就这样，几个年轻的创客踉踉跄跄地走出了第一步。

自主的状态。原来在他主的状态下工作，就是按部就班、不出差错地完成既定的目标。现在雷神“小微”团队成员实现了自己的想法，做出点事业，获得了社会的尊重。李宁在QQ群里是“左护法”，很得粉丝信任，交互的范围已经远超产品，连家中琐事也要同“左护法”诉说，有时一聊就是四五个小时。李欣是一名“90后”，原来按传统模式工作，觉得没劲，提不起神。现在他是QQ群里的“右护法”，负责同“90后”用户交互，加班到夜里一两点是常事，自己垫钱在第一时间解决用户问题也不奇怪，连家里的父母都经常问雷神做得怎么样。在一次粉丝见面会上，听着欢呼声，透过雷神粉丝对“左护法”和“右护法”的眼神，面对粉丝的信任和尊重，他们只有用激情去点燃这份事业。

今天，雷神“小微”已经注册成立为雷神科技有限公司，李艳兵、李宁和李欣都已经成为创始股东，成为“小微”真正的主人。

工作即创业

再出发。李华刚，1991年大学毕业后就加入海尔，当时海尔销售只有8个业务员。工作不久，张瑞敏提出打过长江，占领全中国。于是李华刚就背上了背包，到成都、重庆、云南、贵州和广西等地去开发市场。“在那个年代，开始做生意，不比今天，人家当时连青岛在哪都不知道，我走了很远。经常有人问，山东的？山东很远吧？”李华刚回忆说。28岁，李华刚做到了海尔销售公司总经理。

按照李华刚的话讲：“这是公司给我机会，承认我的价值，给了我一个空间。2003年，公司又给了我信任，我独自一人到河南，到三四线城市去开家电连锁卖场，当时就是为了检验苏宁、国美模式到底在三四线城市能否行得通。结果，试验了几年，证明走不通。”接下来，他又干了自己心中想干的一件事——日日顺，参与构建了覆盖全国县、乡、镇的销售网、物流网、服务网和信息网，这四张网被人称为县乡之王。他还担任着海尔电器的首席运营官（COO）。

专栏：日日顺

日日顺是海尔集团在中国香港上市的公司海尔电器（1169）的品牌。2006 年，海尔集团陆续将旗下物流、分销、售后服务以及相关配套业务整合至海尔电器。自成立以来，日日顺的营收年均增长超过 30%，成为中国最大的全国性渠道综合服务网络，建成了覆盖全国县、镇、村三级的四网融合体系。

营销网

日日顺在全国建有 2000 多家社区店、30000 多家专卖店、19 万个村级联络站，建有 2800 多个二级配送站，布局 17000 多家服务商（一二三线城市 7000 多家服务商和 10000 多家四级服务商），做到“销售到村，送货到门，服务到户”。

物流网

日日顺在全国有九大发运基地，84 个物流中心，3000 多条客户配送专线，可调配班车资源 16000 辆，外加 300 多万平方米的仓储资源，在全国串成一张送装同步的网，无论用户身在何处都能实现在本地下单、异地送货。日日顺在 400 多个城市及 1500 多个区县实现 24 小时按约送达，在 460 个区县实现 48 小时按时送达。

服务网

2008 年，日日顺开始推行售服一体化，县级网点具备维修能力，镇级网点具备安装能力，确保当天就能为区域内用户提供服务。

信息网

2008 年 12 月，日日顺运营 IHS（In House Sales）系统，在全国建立 34 个内勤业务中心，服务于遍布全国的客户，系统由 IHS 内勤服务团队运营，每个内勤业务经理管理 20～30 个客户。通过系统，可以快速完成下单、生产和发货。此外，IHS 还可以对店内员工进行产品知识、产品卖点、产品出样以及产品演示与布置的培训等，提供优秀销售案例以指导店员多卖多赚。

“我觉得我挺自豪的，第一个阶段是给了我机会，第二个阶段是给了我信任，第三个阶段是放开了我的手脚。”李华刚在回忆这段经历时说。行至此，凭着 24 年的工作经历和自己所处的位置，按说他应该可以稍微停一停、歇歇脚了。

但李华刚没有止步，又开启了创业之旅，他现在的身份是巨商汇的董事长。他曾同轮值总裁周云杰说：“以前我们是海尔的打工者，我跟你干了 24 年了，人生头 24 年我在学习，大学毕业的时候 24 岁，中间 24 年我在跟你拼命，最后 24 年我应该为自己活一把。我们之前是你的雇员，今天我们是自己的员工。这巨商汇是我们的企业，是我们这批创业团队自己做的，我们是平台的主人，是有坚强信念的，我们是为自己而战。毕其功于一役，搞成了不用干别的了，失败了回家抱孩子，绝不抱怨。”

新起点：创业激情。巨商汇是从海尔分离出来的“小微”公司，是以产品制造商和经销商以及小卖主为对象的 B2B 电子商务平台，成立于 2014 年 8 月。一年间，巨商汇的业务迅速扩大，平台客户数增加到 400 余户，非海尔品牌的业务成交额达到每月十几亿元。公司当时预计，2015 年非海尔品牌业务成交额将达到 200 亿元，平台总交易额将超过 800 亿元。

由于创立巨商汇，李华刚第一次找到了属于他自己并能做大的公司，打算真正为自己奋斗 24 年。做中国还没有人敢做的产业互联网，就是他的工作。中国互联网行业成就了阿里巴巴、腾讯和京东等成功神话，李华刚也梦想两年后把巨商汇推上市。

工作就是创业。巨商汇注重向员工传递事业梦想，以唤起他们的创业激情。李华刚在招聘员工时先谈事业，谈巨商汇是中国还没人敢做的全新事业，是可以学到东西、提高自己、快速成长、得到创业回报的事业。不认同创业理念的人，就不能到公司就业。普通员工入职后，先要接受创业理念的培训。通过培训，使他们认识到工作就是创业，就是在实现人生价值。

目前，在巨商汇工作的员工多数来自互联网企业，创业是吸引他们的重要原因。由于把工作当作事业，他们不过分在意工作条件、工作环境和工作待遇，不怕累、不怕苦、不怕烦，专注于工作，从工作中获得成就感和人生价值。这些巨商汇的初创者们，工作起来不分昼夜，办公室里搭着行军床、摆着睡袋，不但毫无怨言，相反激情十足。

巨商汇还预留了一部分股权给后加入公司的员工，把他们的利益和企业的利益绑在一起，使他们有做主人的真切感受。股权分配每年都会有，员工所得股权多少将根据员工工作业绩来确定。李华刚经常和员工讲，巨商汇是大家的。企业不要和员工博弈，不要想用制度管死员工；员工也不要和企业博弈，不要以工资来要挟企业；大家要和企业一起成长，干好了，未来的回报自然是触手可及的。企业和员工有共同利益，一起和市场博弈。

出于对工作的理解，他们对巨商汇的价值考核和招聘方式都能够理解和认同。创造用户价值者就留下，没有创造用户价值者就离开。虽然巨商汇辞退了不少员工，但引起争议的很少。

创客的链式反应

智慧烤箱、Isee Mini、水盒子、有住网等，这些创客“小微”在加速涌现。比如，水盒子发起人邹浩、智慧烤箱的“刘百万”等，这些传统意义上的“外部”人员带着创意、资金和技术纷纷走进海尔，成为创客。

创客除了在精神层面的含义之外，还需要落实到利益分配上。只有精神追求和现实利益紧密结合起来，才会使员工创客化成为自觉和本能。在注册成立的雷神科技公司中，除去海尔、社会投资者、预留股份外，创始“小微”成员占了两成左右的股份。同时，这些“小微”成员在2014年底获得超利分享的事实，落到口袋的“真金白银”，已经成为其他员工向创客转化最有效的催化剂。机械师、智慧教育等“小微”已在雷神周围加速涌现，逐步在海尔内部形成创客的链式反应。

这种链式反应，不仅发生于所谓的海尔内部，而且越来越具有社会化的味道。比如，雷神、有住网这些原本的创客“小微”，又正在同外部的创客创办新的“小微”，创客影响创客，“小微”生出“小微”，这就好比原子的裂变。这些源创客就如一个个能量球，冲击着其他的利益相关者，让这些人员成为新的创客，去加速开展新的事业。而后，这些新的创客又会影响其他人。“这真的是太可怕了！”在一次同海尔轮值总裁周云杰交流时，他感叹道，“这种创客的力量，是刚开始没有想到的”。

本章结论

转型不仅是由外部力量驱动的，关键是寻找到转型的内生力量。这种力量源于开放环境下员工自主性的释放，最终实现个人和组织目标的一致，每一个员工在身心合一的状态下工作。员工自主性的释放需要打破控制的约束，甚至需要在失控状态下才能激发、发现和达到新的平衡点，这就是转型的勇气和艺术。

转型需要特定的时空氛围，也就是野中郁次郎说的“场”，尤其是一线员工的“活力场”。只有激发离用户最近的人的活力，转型活力才能生生不息。

企业即人，企业转型即是人的转型。员工创客化是海尔对员工角色的新定义，在海尔创业平台上，每一个员工都在从雇佣者转变为创客，都可以创立“小微”。海尔创客＝梦想者＋行动者＋创业者。创客运动的发起者安德森说：“创客在海尔是个动词，行动具有优先权。”

第三章 价值观：企业转型的坐标系

转型悖论的本质是什么？

企业转型的坐标系是什么？

转型的真实过程是什么？

如何破解转型悖论？

第一节 价值观引领

持续变革的秘密

30 多年来，海尔经历了五次战略变革，从名牌战略、多元化战略、国际化战略到全球化战略，再到正在实施的网络化战略。站在今天往回看，海尔的五次战略变革有着清晰的阶段特征，似乎是到了某个时点，就由原来的战略阶段进入新的战略阶段。但在实践中，这种变革本身是持续的，是每一天都在持续进行的。事实上，在进入下一个战略阶段之前，相关的变革工作已经在进行。而新战略阶段的启动，只不过是企业对未来注意力的进一步集中。

即使从外界看来一些颠覆性的转型，实际上也是每一天持续变革的积累。没有观念的引领，没有行动的检验，突然新的一天到来，整个企业就发生了翻天覆地的变化。这种情况只能说是一种愿望。张瑞敏在一次演讲中说："为什么海尔强调日事日毕、日清日高，强调始终如一的自以为非，就是如果你能够每天改进 1%，70 多天后你就改进了 100%。"

纵观海尔 30 多年的成长史，持续变革是最大的特征。现实中，战略变革本身是一个复杂、模糊和充满矛盾的过程。在变革过程中，常会伴随着超预期结果的出现，将令人难以想象的各种事件交织在一起，所以绝大部分的变革很难说是取得了成功，这也就是我们前面提到的企业持续成长的难题。但从海尔的实践看，恰恰通过持续变革保持了对环境变化的主动适应，降低了环境变化给企业经营带来的风险。为什么海尔能有效推进变革?

从一定意义上说，变革就是企业不断打破旧惯例、形成新惯例的过程，而惯例是企业内部可重复的认知和行为模式。现实中，海尔是一个具有很强价值观的企业，可以说价值观的作用体现在方方面面，价值观起到了引领变革的作用，无论是个人层面，还是在团队和组织层面。他们时刻用自己信奉的价值观去检视认知和行为，形成了认知和行为之间的正反馈，或者说是做到了知行合一，持续完成了旧惯例向新惯例的快速转换。新惯例从哪里来? 事实上，大多数企业一不小心在认知和行动之间就会进入负反馈或无反馈的循环，陷入变革异化和停滞的陷阱之中。

以行验知——规避异化和停滞的陷阱。价值观是海尔持续成长的坐标系，是海尔“内心”中坚守的“良知”——人单合一，而每一次新旧惯例的转换就是一次“致良知”的过程。如果进一步聚焦到海尔在人单合一管理的探索上，那么这种新旧惯例的转换就更加清晰，价值观对业务流程、组织结构、资源配置机制的引领作用也就更加直观，恰恰是认知和行动之间的正反馈，推动了与用户零距离、人人创客等观念不断转化为行动。同时，通过行动的检验，这些观念的内涵也在不断丰富，而检验的基本坐标就是价值观（见图3－1)。

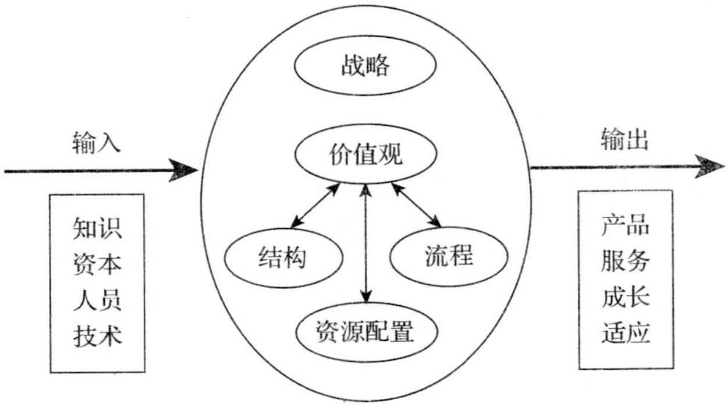

图3－1　海尔价值观引领示意图

资料来源：在多伦和加西亚（2009）基础上调整。

价值观：虚与实

价值观听起来让人感到多少有点虚。但正是所谓的虚让我们感觉到所做工作的意义和价值所在，并引领我们工作的努力方向。价值论（Axiology）源于希腊语Axios，这个词的一重含义是有价值、可贵和值得尊敬的，另一重含义是“轴”的意思，即关键元素围绕其转动的点。

明尼苏达大学的米尔顿·罗克奇（Milton Rockeach）教授是一位在世界范围内有影响力的价值观研究者，他认为“价值观是引导个体或者社会认为某些具体的行为操守或人生终极追求，比与之相反的行为操守或人生终极追求更可取的某种持久信念。而价值体系则是指偏好的行为操守或人生终极追求的、一些相对重要性不同的持久信念的组合”。透过罗克奇教授给出的定义我们可以看出，价值观就是对企业行为优先性的判断准则，是一个组织对二作意义的共同认识。价值观通过对工作行为优先性的判断，实际上也影响着组织二作流程选择和资源配置的方向，这也是价值观由虚变实的过程。

信念、价值观与行为。每个人都是根据自己对周围人、事、物和世界的理解，产生了基本假设和信念，这就构成了价值观选择的基础。组织中的价值观，就是对基于特定信念的行为进行检验，做出评价、接受、改善或者拒绝的选择，进而形成团队或者组织成员一致认可的行为准则。这也就是价值观在信念和行动之间所发挥的坐标系或参照系的作用。

比如，大家熟知的GE公司的价值观卡片，每一个GE员工都会把它放在自己的钱包中，并时时刻刻检视着自己的的行为。再如，笔者有一次到中海壳牌石油化工有限公司（以下简称“中海壳牌”）去调研，在公司会议室、走廊都可以看到公司价值观和优先行为的图片。笔者就顺便问了一句：为什么要挂这些图片？挂这些图片有用吗？其员工告诉我，中海壳牌是一家中外合资的化工企业，价值观共识在他们这里有着更特殊的作用。作为化工企业，安全是第一要务，出了问题不是赔钱而是赔命。现实中，中外双方员工之间的行为分歧往往是最大的安全隐患。自然，如何避免分歧，形成共识，并在行为上得到体现，就显得更为紧迫而重要。所以，这种自我检视和监督就不失为一种有效的方式。

因此，如何系统地发挥价值观的引领作用，也就构成了价值观管理的主要内容，这也是当今企业面对外部环境不确定性的重要管理方法论。

价值观管理

从更深层次讲，价值观管理是对人性的集中体现。在管理学发展的百年进程中，释放人的自主性，寻找控制和自主新的平衡点，从人看物而不是从物看人，增强组织对环境的适应性，成为发展的基本共识。其中一条管理演进的线索就是，从指令管理到目标管理，再到价值观管理。无疑，价值观管理正成为21世纪管理的新趋势，成为企业成长的动力之源。

20世纪初期是指令管理的黄金时代，那时企业的发展环境稳定，管理的对象主要是生产线员工，在严格控制下如何提高效率就成为当时管理的主要问题，典型的代表就是泰勒的科学管理。在当时的管理情景下，指令管理的一个基本事实就是工作是可以被清晰界定并被测量的，管理者非常清楚如何高效地完成工作。基于这样的前提，自然指令就总是有效的。

20世纪60年代，企业发展环境的变化加快，管理者需要有比指令管理时代更大的弹性和灵活性，而目标管理强调通过绩效进行激励和控制，注重结果控制，增加过程的弹性。事实上，在目标管理阶段，一个重要的事实基础就是工作的性质已经发生了一定程度的变化，要想对工作的过程和结果进行准确测量已经是一件非常困难的事情，加之环境变化速度在加快，这几乎是一件不可能完成的事情。所以管理的重点就只能集中在对结果的控制上，对于完成工作的过程，被管理者已经掌握了比管理者更多的信息。

到了21世纪，管理本身更是发生了系统的变化。企业发展环境最大的特征就是不确定性，员工对自主性有更高的要求，用户拥有更大的选择权，组织结构日趋扁平化，领导者的角色也逐步从控制者向促进者转化。显然面对这些变化，目标管理是无法有效应对的。这时对于工作的界定和测量也变得更加复杂和困难，工作不总是能够定义和计划出来的，工作本身的不确定性和演进的特征更加明显。于是，试图通过对工作结果的直接测量和激励来促进企业成长也就行不通了。

面对这样的事实基础，无论是将管理焦点集中在工作结果上还是过程上都是没有出路的。这时，价值观管理就成为关注的焦点。因为人们发现，只有从人性切入，关注完成工作的“人”，有效释放“人”的自主性，才是找到驱动企业成长或组织发展的根本动力源泉（见图3－2和表3－1）。

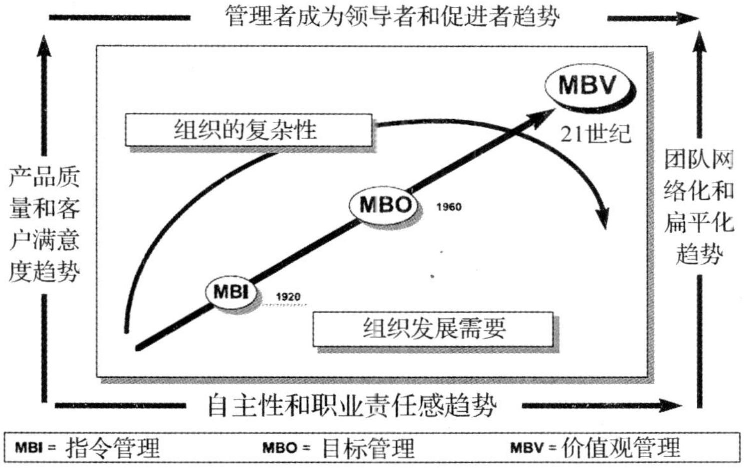

图3－2　管理理论演进：指令管理、目标管理和价值观管理

资料来源：多伦和加西亚（2009）。

表 3-1　指令管理、目标管理和价值观管理

	指令管理	目标管理	价值观管理
最佳适用环境	程序化工作或紧急情况	复杂性适中，相对标准化工作	需要创造性地解决复杂问题
组织成员的平均专业水平	生产线人员管理	员工管理	专业人员管理
领导类型	传统型	偏重资源分配	变革型
客户形象	购买者	消费者	根据自由选择区分客户
产品市场类型	垄断、标准化	细分化	高度多元化、动态
组织结构类型	多层次金字塔形	较少层级金字塔形	网络型与职能联合型和项目团队
对不确定的容忍程度	低	中等	高
对自主权和责任的要求	低	中等	高
市场类型	稳定	变化适中	不可预测、动态
控制哲学	由上到下的控制、监督	根据绩效来控制和激励	自我监督和激励
组织目标	保持生产力	结果最佳化	持续改进
战略愿景的时限	短期	中期	长期
核心价值观	量化生产、忠诚、服从、纪律	衡量结果、理性、激励和效率	员工参与、持续学习、创造性、互信、承诺

资料来源：多伦和加西亚（2009）。

是非观、发展观和利益观

行为优先性。管理行为在一定程度上讲，就是每时每刻能够分清事情的大小、先后，在每一时点上对环境变化做出反应。在做出大小、先后判断的背后，隐含的

是行为优先性的选择，而价值观在无形中就是优先性选择的基本坐标，并具体体现在个体、团队和组织行为层面。

我们需要什么样的价值观？从相反的视角来看，现实中至少有两种情况会影响组织行为选择的有效性——价值观缺失和价值观僵化。在一个组织中，前者的出现往往会表现出活力缺乏、士气不振、抱怨冲天、凝聚力差，因为行为基本坐标的缺失，自然会出现“光发热而不做功”的现象。后者的出现，会导致组织内缺乏弹性和开放性，面对外部环境快速变化更多表现为对旧惯例的行为锁定，而不能适应新环境，及时将环境变化信息导入企业内部，并快速做出响应，常常是即使意识到行为需要变化，但结果也是行为并没有发生变化。回想身边的案例，从柯达到诺基亚，在这些行业巨头身上都有价值观僵化的影子。因此，在企业持续变革的背景下，明确的价值观以及保持价值观的弹性和开放性就尤为重要。

在海尔30多年持续变革的过程中，它从是非观、发展观和利益观三个维度引领了变革的方向，并在每个维度上都保持了弹性和开放性，使得价值观对业务流程、组织结构和资源配置机制等方面的变革实现了有机协同。

是非观：以用户为是，以自己为非。海尔人永远以用户为是，不但要满足用户需求，更要创造用户需求。海尔人永远自以为非，不断挑战自我、突破自我——实现以变制变、变中求胜。

发展观：创业和创新精神。海尔鼓励每一个员工都应具有创业精神，面向市场和用户，成为自己的主人、自己的CEO。创新精神的本质是要为用户创造新价值，创造超预期的用户体验。

利益观：人单合一双赢。在为用户创造价值的同时获得自身价值，做到我的用户我创造、我的增值我分享、我的成功我分享。这是海尔生生不息、持续成长的保障。

第二节 变中求进

两点之间直线距离最短吗

在平面几何学中，两点之间直线距离最短是一条公理，几乎没有人去质疑过它的真假。但这条公理存在的前提是，你清晰地知道两个点的位置，并可以在二维平面上画出一条直线。联系到管理实践，这也是我们经常采用的管理思维，但前提是我们在确定的环境中，可以有计划、可控地实现企业的线性成长。其中非常重要的一点就是，在这一思维框架下还隐含着我们已经获得竞争优势、知识以及资本这些要素能够实现线性的持续积累。

但是，事实并非如此。现实中，不确定性是企业成长环境最大的特点。换句话说，我们只知道当下的起点，未来的那个点在哪里并不十分清晰。而且在成长的过程中，随时要面临新情况的出现。如果想画出一条既定的直线，这是不可能的。这时，企业如果还按照原有的成长轨迹做延长线，那么得到的将不是最短的距离，而可能是无限长。因为在这种思路下，极有可能用正确的做事方法做了不正确的事，面对市场和用户的选择时将会被淘汰出局。

我们常常期望企业家能够对各自企业未来的那个点进行清晰地刻画，似乎这是一个企业家前瞻性和洞察力的“超人”表现，但结果多少让我们有些失望，企业家给出的答案惊人的相似。张瑞敏说“立足今天”，柳传志说“生存”，任正非说“活着”。总而言之，我们只能在不可知中把握当下，努力适应未来。

面对这样的回答，不由让人想起海尔文化展中的一幅油画，这幅画挂在海尔文化展结束的地方。画面的内容大致是一个赤裸的人在布满荆棘的荒野中前行，身后是蹚出的一条小路，前方依然是一片荆棘，但远方是微微的曙光。这不正是对企业成长现实场景的另外一种表达吗？企业只有坚守自己的价值观才能持续开拓前行。在这幅油画旁的最后一面墙上书写着鲁迅在《生命的路》中所写的一句话：“什么是路？就是从没有路的地方践踏出来的，从只有荆棘的地方开辟出来的。”而价值观不就是海尔人的心中之路吗？企业的各种变革行为不就是以价值观为坐标系来展开的吗？

计划与演进。现实中，未来的那个点在哪里？不是计划的结果，我们是无法画出这样一条距离最短的直线的，而是一个演进的过程。在演进的过程中，既需要涌现出一些变异的行为，又需要对这些行为进行选择，最终一些行为被保留下来。一些被保留下来的新的行为就构成了新惯例，惯例的新旧转化就完成了我们理论意义上的一次变革。换句话说，企业持续成长的过程就是持续变革的过程，就是变异—选择—保留的演进过程。

悖论中求解

转型的悖论。企业转型不可回避的一个问题就是演进的时间约束——企业如何跟上环境的变化进行演进。如果仅是自下而上的演进，那么这个演进的过程会花费很长时间；如果仅是自上而下的推进，那么实现特定目标的速度一定是很快的，但结果必然是僵化的，很容易陷入旧惯例的锁定之中，也就是我们常说的组织僵化，并不能够实现对环境的适应。似乎这是一个悖论，一个没有答案的问题。

破解悖论。海尔通过价值观管理的实践，在自上而下和自下而上之间寻找到了新的平衡。在海尔的持续成长过程中，价值观既发挥了组织活化的作用，在活化的同时价值观又很好地起到了稳定的作用。海尔价值观倡导自以为非、创新创业，本质就是要激发每一个个人、团队乃至组织的活力，向旧行为发起挑战，让新行为能够不断加速涌现，同时又回到人单合一上进行有效的选择和保留，加速在组织中能够快速形成新共识的过程。价值观在这里发挥活化器和稳定器的作用，已经超越了传统意义上组织中关于“上”与“下”的界定，成为上下合一的隐形桥梁，这将极大地加快演进的速度，使得企业转型能够跟上环境变化的步伐。

价值观的力量：标准、路径和机制

随着环境的不确定性增加，价值观在变革实施过程中的引领作用越来越明显。除了依赖于决策者对变革的强烈意愿外，价值观体系就成为变革行动的基本坐标系。一方面，它指引全体员工快速展开行动；另一方面，它又成为全体员工判断行动结果和解释之间差异的参照，激发组织快速形成新认知，从而快速、有效地实现组织认知和行动之间的正反馈，促进变革的深入推进。

在海尔核心价值观中有三个维度，即是非观（以用户为是，以自己为非）、发展观（创业和创新）和利益观（人单合一双赢），分别涉及变革的标准、路径和机制三个方面（见图3－3）。

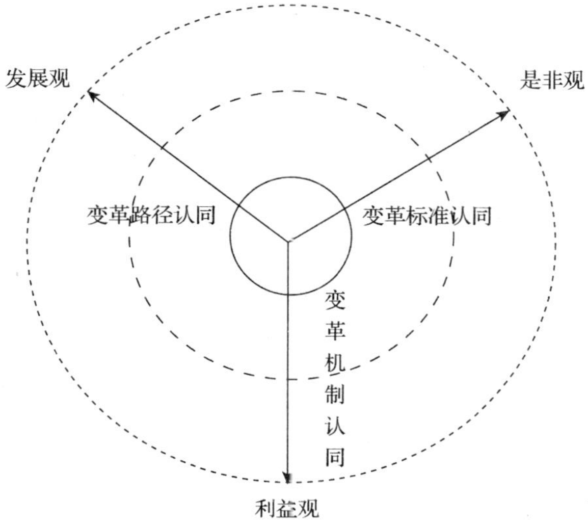

图 3-3　海尔的核心价值观

是非观：变革标准认同。在海尔的价值观维度中，先强调的是是非观，这是行为判断的一个基本标准，而且是一个动态的标准。面对用户需求的快速变化，今天的“是”可能就是明天的“非”，企业只有不断求变才能够跟得上用户需求的变化，因为用户检验是最重要的变革标准。是非观，或者说自以为非的变革价值观就是对变革行动的基本价值判断。

实践中，海尔倡导“没有成功的企业，只有时代的企业”，“成功是失败之母”，“繁荣的顶峰就是衰败的开始”，“自杀重生，他杀灭亡”，“鸡蛋从内部打破是新生，从外部打破是人们的食物”，“倾否，而非否倾”等，这一系列的观念表达无不说明海尔时刻保持着一种强烈的主动变革意识，探索着企业发展的新轨道。

自我颠覆。面对企业发展环境的变化，海尔人既能迅速归零，又能迅速重新出发。虽然，自我颠覆、改变组织惯例是痛苦的，但在海尔这是一种常态。

“真的没时间迟疑，抓紧跟上，要么就掉队了。”（海尔集团副总裁）

“前一段的成功做法，并不能用于解决新问题，需要再去探索新的做法，感觉

提升适应能力、应变能力更重要。"（雷神"小微"成员）

自以为非价值观在具体实践中的贯彻是一个辩证的过程，需要不断由"非"来验证"是"，最后形成新的认知，是一个正反合（即从正题到反题，再到合题）的过程。没有归零的心态，很难真正做到自以为非，完成正反合的过程。事实上，海尔的变革也正是在经历这样无数次的归零和正反合的过程中持续推进。

可以说，自以为非的变革标准认同直接激发了变革行动的发生，为行动结果和认知提供了快速调整的坐标。

发展观：变革路径认同。如果对变革路径认识不足，员工就会对变革产生抵触、困惑，提出反对理由，并觉得难以参与，会采取观望的行为，最终变革将处于停滞状态。事实上，虽然决策者具有强烈推动变革的意愿，但由于既有行为惯例的刚性作用，管理者和员工并没有采取相应的行动。

海尔价值观的发展观维度指明了变革的基本路径，即创业和创新。自进入网络化战略阶段以来，海尔的创业文化氛围日渐浓厚。2014 年，海尔将企业文化定位在创客文化上，开展了创客大赛、创客咖啡等活动，员工的创业和创新活力得到激发，涌现出雷神游戏本、"水路盒子"、"焙多芬"智慧烤箱等一批创业团队，探索出一些用户价值创造的新路。

"我们必须要创业，改变传统的做法，从用户群的培育做起，开展开放式公测，真正做到同用户零距离，今天我们尝到了甜头。"（雷神"小微"成员）

"海尔的创客文化和平台资源吸引了我。"（智慧烤箱"小微"负责人）

变革是一个全员寻找价值并创造新道路的过程，对变革路径的认同将会促进员工变革行为的优先选择。海尔的价值观明确了创业和创新是战略变革的基本路径，明确了创业和创新是企业倡导的优先行为。对于员工而言，创业和创新行为将会得到企业的优先认同，而不仅是听命于上级。

利益观：变革机制的认同。有效的变革机制增加了员工对于变革认同和变革状态的理解，为持续推进变革提供了保障。如果说变革路径的认同促进了员工对行为惯例刚性的克服，但是并不能够形成对变革行动的强化，甚至在行动结果遇到挫折的时候，行为惯例的刚性还要再次显现。如果员工对未来的状态不了解、不认同，企业也不能够建立有效的分配机制，则将使企业员工面临冲突和压力，表现为观望、困惑、消极怠工等抵抗行为。所以，尽管员工已经对变革路径有了充分的认识，但由于不同个体对变革行动结果认知的不同，甚至对战略变革引发的新变化产生不满和抵触，从而导致变革难以持续推进。

因此，就需要解决机会公平和分配机制的问题。海尔价值观的利益观维度回答的正是这个问题，解决了员工在薪酬和成长方面的预期问题。

“自主经营体的动力来源主要有：①分享机制。成员根据完成的单（也就是创造的用户价值）的情况，获得相应的超利分享。②个人成长。机会公平，经营体成员都有成为‘鲶鱼’的可能，并通过官兵互选成为经营体长。”（海尔集团市场经营体代表）

“人单合一解决了一个问题，即人人都有一个清晰的目标，不吃大锅饭。在新模式下，资源、价值和酬劳都逐渐变得清晰，解决了机会公平和结果公平的问题。”（海尔集团执行副总裁）

第三节 文化转型

两种文化导向：控制与自主

控制与自主代表着两种企业文化导向。对于这两种导向的理解，在控制导向的代表法约尔那里就是“协调职权必须从最高层开始，不断沿着金字塔自上而下地广泛开展。因此，必须清楚地界定组织中的每一个角色”。而到了自主导向的代表、美国学者哈默和普拉哈拉德那里则是“通向未来旅途的燃料不是金钱，而是每一位员工的情商和智商”。

我们常说语言构建了整个世界。在两种文化导向下，对于同样一个概念，就有着不同的理解。比如，对于企业组织的理解，在控制文化导向下就是管控组织，但在自主文化导向下就是开放的平台组织；对于控制的理解，在前者就意味着层级结构和上级监督，在后者则还意味着网络组织和用户评价；对于员工的理解，在前者就意味着被管理者和在册员工，在后者还可以是创业者和在线员工；对用户的理解，在前者就意味着购买者，产品或服务的背后接受者，在后者则意味着参与者；对于流程的理解，在前者意味着坚决遵守，在后者则意味着创造性建立；对于优先行为的理解，在前者意味着不出错完成，在后者则意味着试错并积极修正。

两种文化导向并不是简单对立的。非此即彼，这是我们通常喜欢采用的思考问题的方式。但彼此之间还存在着很多状态，甚至在由此及彼的变化过程中又涌现出新的、意想不到的状态。所以对文化导向的认识，我们同样不能简单采取非此即彼的看法。事实上，两种导向只是给我们提供了一个思考的框架或者是分类，它们之间是一个动态持续的过程。它们之间不是一分为二的，而是一分为三的。对于管理实践而言，这是一个正反合的过程。实践中，我们从现有的“正题”出发，也就是从控制导向出发，先提出“反题”，突破控制导向的束缚，进行自主导向的观念创新，然后采取各种行动，结果会出现很多意想不到的“合题”。事实上，“合题”已经超越了简单的混合，或者是百分比结构的变化，因为它是在现实环境中涌现出来的一种新的文化状态。

记得管理学大师明茨伯格说过一个很有启发意义的故事。他说，“我们大家都知道有两种理论——地平学说和地圆学说，并认为地圆学说是真理。但我在乘飞机的时候一直在想，人们真的在建飞机跑道的时候修正了地球的弯曲吗？但在飞机起飞前，我宁愿相信地圆学说是对的，因为只有这样才能到达目的地。可是到了空中，当飞越高山的时候，我既不相信地圆学说也不相信地平学说是真理了，因为地球压根儿就是崎岖不平的。我们说两种文化导向的理论意义在于给我们勾勒出思考和行动的方向，但归根结底还是取决于当下所处环境的三动适应。而主动的含义就是心中坚守的价值观，以价值观为坐标，在真实环境中月行动来检验认知，检验我们的观念创新，而不只是将自主导向当成时髦和潮流，更重要的是在不确定的环境下发现属于自己、适合自己的位置”。

从执行文化向创业文化转型

文化是什么？这是需要思考的一个问题。在这里我们无意对文化做出权威解释，只是想透过对文化的不同理解提醒大家注意文化转型的复杂性、难度和紧迫性所在。文化可以说是“一群人做事的方法和风格，一种组织的氛围”，也可以是一种情感、感受、自觉的行为、传统等。它是长期以来一个组织观念、行为、规范的积淀。在一定意义上它是持久的，具有自然的惯性。面对几十年甚至上百年的文化积淀，文化转型既复杂又困难。但是，全球化、信息技术正在加速改变人类所处的环境，原来封闭的文化已经很难独善其身。尤其是对需要面向全球用户的企业组织而言，不变、不转型就有可能被快速变革的时代所淘汰，时不我待。

长期以来，海尔非常强调执行力。从1984年创业的那一天开始，海尔就提出了“日事日毕、日清日高”，并一直坚持着“日清”的做法，对命令进行不折不扣的执行，整齐划一，速决速胜。但是，从2005年开始探索人单合一管理的那一天起，通过实践发现，单纯地强调执行力是无法实现人单合一的。这时必须要进行文化的转型，从执行力文化转向创业文化。两种文化背后的导向是有区别的，前者是控制导向，后者则是自主导向；前者以企业为中心，后者则以员工为中心。

正如张瑞敏所说，“企业文化要从执行力文化转变成创业文化。这两种文化的要求、标准是不一样的。执行力文化就是要求员工一定是执行指令不走样，今天要求你做好的事情必须今天完成，哪怕下了班干到晚上十一点也要完成。过去都是把坚定不移地执行公司指令的人树为公司标兵的。但是，创业文化要求你以创业成果为立身发展之本，没有成果就不应该在这里存在。成果大分享的多，成果小分享的就少。”

实际上，创业文化的种子在海尔成立那一天就已经种下，是海尔与生俱来的基因。海尔员工在开玩笑时讲：“虽然今天大家都在说创客，我们张首席可是最资深的创客了。”一次在同海尔海外市场负责人交流时，他说：“我们走进海外市场本身就是一次创业，这种感觉特别强烈，你就是要在海外市场站住脚，当一个新品牌的产品放在卖场一两个月都卖不出去甚至无人问津的时候，那是什么感觉？不创业怎么办？”这种基因、意识和行为并不是说在执行力文化阶段不存在，但那时并不是最主要的基调，更多的是反映在特定事件和行动上，不是日常行为，也没有形成主导的制度规范。因此，在人单合一的管理阶段，强调向创业文化转变，就是要让创业成为主基调，成为日常行为，形成新的制度规范。

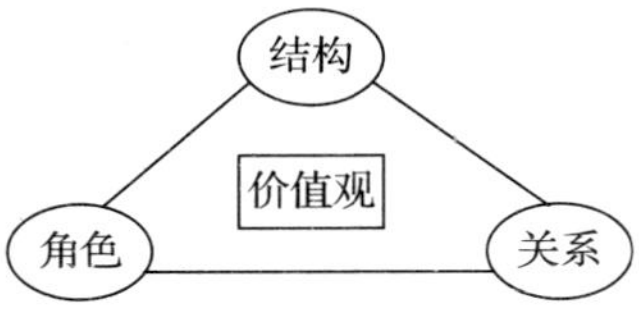

图3-4　海尔文化转型铁三角模型

文化铁三角：角色、结构和关系。文化转型就是我们所坚守的核心价值观能够承载更多的现实内涵，即赋予企业、员工和用户新的角色，进行组织结构性改变，重建各主体的关系，使得文化能够支撑起企业的持续成长。于是，结构、角色、关系就成为海尔文化转型具有可操作意义的铁三角模型（见图3-4）。

在海尔的文化转型过程中，组织结构从管控组织、层级组织向开放的平台型组织转变，平台和“小微”成为企业组织的基本架构。

角色包括企业、员工和用户角色的变化。即企业的角色从产品制造者向创客的孵化平台转变；员工的角色由被管理者、雇佣者向创业者转变，今天在海尔只有平台主、“小微”主和“小微”成员三类角色；用户的角色由产品的接受者向参与者转变。

关系包括平台主和“小微”之间、“小微”和“小微”之间以及“小微”主和“小微”成员之间的关系变化。平台主和“小微”之间集中体现资源配置机制上从上级审批向用户评价转变；“小微”之间集中体现在从串联向全流程并联的转变；“小微”主和“小微”成员之间则集中体现为官兵互选机制的建立，就是“官”可以选“兵”，同时“兵”也可以选“官”。

持续的注意力：力出一孔。通过表 3－2，我们节选了海尔 2013 年和 2014 年文化转型情况的简单概括，可以看出结构、角色和关系的转变是一个持续变化的过程，并不是一蹴而就的。在持续变化的过程中，海尔总是从现实问题出发，以价值观为坐标系推进的。事实上，这就保证了海尔文化转型高度的组织注意力。面对快速变化的外部环境，这种注意力本质上是一种稀缺的资源，只有持续地集中组织注意力，组织的每一个成员执一不失、力出一孔，才能使文化转型这一复杂、困难和紧迫的任务得以实现。

表 3－2　2013 年和 2014 年海尔文化转型一览表

	2013 年	2014 年
观念	企业无边界、管理无领导、供应链无尺度	企业平台化、员工创客化、用户个性化
现实问题	同一目标	市场化
组织主体	利共体、“小微”	“小微”
员工角色	网主、接口人	平台主、“小微”主、“小微”成员
业务流程	串联	并联
资源配置机制	审批机制	资源互换机制
典型案例	天樽空调、日日顺“水平台”、“净水洗”	雷神、水盒子、海立方、HOPE、创客大赛

资料来源：笔者整理。

从整体上来看，结构、角色和关系之间是紧密相连、相互影响和协同推进的，这些变化又都是围绕着核心价值观展开的。从更深层面上讲，文化转型集中体现了海尔对组织僵化这一难题的挑战，即打破观念、业务流程、组织结构和资源配置等层面的僵化。可以说，这是海尔创业文化承载的一个重要使命，破解组织僵化难题。

消除转型障碍：文化沟通矩阵

颠覆不是目的，而是意识和手段。在海尔文化转型的过程中，听到最多的词就是颠覆。“与其被别人颠覆，不如自己颠覆”，“自杀重生，他杀淘汰”，这些话语多少有些堂吉诃德式的意味。但对于文化转型而言，又确实需要这样一种向自身发起挑战的勇气和意识。颠覆不是目的而是手段，就是通过认知和行动的颠覆对旧惯例形成冲击，最终发现新惯例。如果用正反合的辩证过程来解释，颠覆就是要用“反题”向“正题”提出挑战，从而探索到未知的“合题”。

在颠覆的背后，我们不难发现各种文化转型的障碍。这些障碍有的是公开的和当时就显现出来的，而更多的则是隐性的和滞后的，对变革的阻力也是较大的。隐性的和滞后的障碍常常会累积起来，不容易被发现，但却会集中爆发，一不小心就会将转型再拉回到老路上来。因此，对于文化转型而言，深度的、全方位的、开放的沟通就变得越发重要。

文化沟通矩阵。海尔具有全渠道的文化交互生态圈，包括报纸、电视台、网站、杂志、新媒体、会议、画与话、“活力秀”、创客大赛、创客咖啡，形成了文化沟通矩阵（见图3-5），具有较强的整合文化沟通能力。

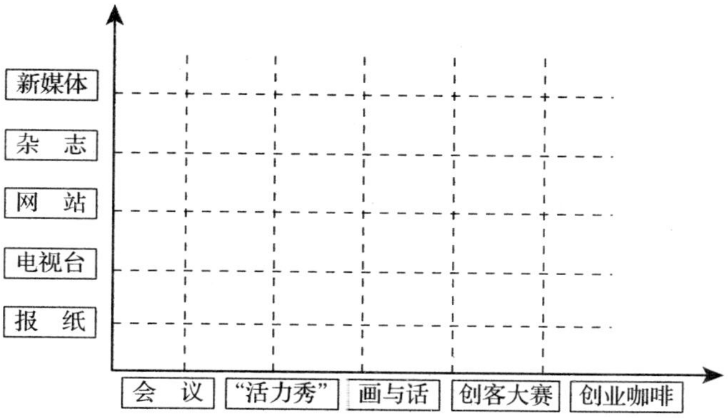

图 3-5　海尔的文化沟通矩阵

《海尔人》创刊于 1989 年 1 月，是海尔历史最久、最重要的文化沟通平台，通过挖案例、讲故事的形式推进集团战略在终端的落地实施。以报纸为周报，在海尔内部发行 3 万多份，有中文、英文、日文、泰文和越南文等多个语言版本，是全球海尔人学习理解集团战略、交流互动的重要平台。

报纸是由员工沟通利共体来完成的，从采编团队来看，不再是专职的记者、编辑来办报，而是全员共同参与。原来的编辑变成接口人，对内接口有爱好和兴趣的员工加入采编团队，对外接口专业媒体资源。目前，《海尔人》第三、第四版已基本由员工自发成立、自主经营的大家文学社承担，做到了人单合一，员工既是读者又是内容生产者。报纸的第一版述评主要是对周例会内容的传达和评论，第二版述评有关具体案例。述评是海尔价值观管理的重要工具，价值观坐标的作用正是通过述评来发挥的，而且是以周为节奏的。全体员工的行为根据述评的内容进行调整。

海尔电视台开播于 1998 年 2 月，覆盖全国各地工业园近 6 万员工，每两天更新一期，及时传播集团战略思想以及重要新闻。每月根据集团战略重点，邀请"样板"进行面对面的互动讨论，通过讨论相互学习、相互启发，更好地承接网络化战略。

网站——海尔文化交互平台是为海尔人交流工作、分享生活的网络平台，它的前身是海尔社区。在该平台上，员工们就工作中遇到的问题或收获的经验与大家分享。在这个开放的平台上，员工们自发发起活动、结成交流圈，比如“活力秀”、大家文学社就是通过该平台进行日常交流和运营的。

杂志包括《海尔管理评论》和《月度评论》，是专家、学者以及集团员工对企业战略进行深度讨论的平台。

海尔的新媒体发展非常迅速，目前包括官方微博、微信、人人创客微信圈、“活力秀”交流圈和《海尔文化》微信订阅号等。

作为重要沟通渠道的会议，主要包括周例会、创业大会和创新大会。周例会主要是通过案例研讨，找出差距，明确未来的工作。创业大会上最重要的是发布集团战略和下一年度工作重点。创新大会主要是年度案例的交互和“三金大奖”的颁奖。“三金大奖”包括金锤奖、金榕树奖和金网奖。金锤奖源于张瑞敏用一把大锤砸碎了76台不合格冰箱，主要是奖励能够挑战自我的优秀员工。金榕树奖源于能够独木成林的榕树，寓意不仅自身能够成长，而且能够带动团队成长，奖励团队建设的优秀者。金网奖的奖励对象则是优秀的平台主。这些奖项的产生不是由上级决定，而是通过APP投票产生的。

员工的画与话是最具海尔特色的沟通工具。它是由员工通过漫画形式表达自己对企业战略、文化、工作的理解，漫画内容丰富、生动、通俗易懂。这项活动获得了全球海尔员工的广泛支持，参与度很高。这些画与话会在海尔办公室走廊、《海尔人》和正式出版的《画与话》专辑中得到呈现。值得一提的是，因为它是员工自主创作出来的，是对海尔的真实刻画，所以也是张瑞敏赠送来访客人的首选礼物。

“活力秀”是员工自我搭建的展示活力和真实自我的平台。每个人都可以在这个平台上秀出自己的特长，他们自编、自导、自演自己的创新和创业故事。活动完全实现了员工自治和自运转。每年在海尔全国的工业园区都会进行上百场“活力秀”，有几十万人次参加。

创客大赛是对全球开放的创业项目大赛。全球创客提交参赛项目进行PK，投资人现场进行点评和投资意象表达。在这里，创业项目得到检验，创业智慧得到碰撞。

创客咖啡是一个开放的知识交流平台，在宽松的氛围中，创业项目得到来自业内专家、创业导师、投资人和同事的头脑风暴，跨界知识在这里交汇。

事实上，海尔在文化沟通、消除文化转型障碍上，很好地运用了整合的原理，以创业文化为核心，形成了文化沟通矩阵，实现了全渠道的整合应用。这种沟通不仅是内部“上下左右”全方位的相互沟通，而且还是开放的沟通，外部知识和信息快速、直接进入海尔。几乎每个月都有一位世界顶级管理大师走进海尔，同员工进行交流。

除此之外，张瑞敏还直接同员工以各种形式沟通，比如对员工创业进行指导、向创客赠书以及与创客分享读书感受等。无疑，这些沟通方式都是创业文化最好的传递。

专栏：张首席（张瑞敏）给创客的赠书和赠言①

《创业无畏》是奇点大学执行主席彼得·戴曼斯迪的新作，出版社在正式出版之前做了预读版和尊享版两个版本，张首席不仅是获得尊享版的贵宾，而且还获得了与五位企业家分享此书的机会。

8 月 11 日，张首席将这五个机会给予了一批创客，他们分别是周云杰（集团轮值总裁）、梁海山（集团轮值总裁）、谭丽霞（集团高级副总裁）、刘斥（海尔家居平台主）和路凯林（雷神“小微”主），并写下赠言：在海尔平台上创业，《创业无畏》一书给我启示最大的两句话：① 世界上最大的问题等于最大的商机；② 预测未来最好的方法是你自己创造一个未来。谨以此与你共勉。

梁海山在阅读本书之后，谈了自己的体会：

结合《创业无畏》一书的核心思想，我体会到在互联网时代要成为指数型创业家，不仅要运用指数型技术迭代产品，更要有无所畏惧的勇敢心态。

---

① 资料来源：《海尔人》，2015 年 8 月 12 日，第 1209 期。

首先，把目前转型中一些胶着的问题转化成商机。目前，冰箱、洗衣机面临的是如何通过新模式形成行业绝对引领的优势；空调面临的是新模式怎么突破的问题等。通过解决上述问题实现行业引领，不仅要“小微”独立，同一目标、同一薪源，还要以把自己赌进去为切入点，建成“三自”（自驱动、自组织、自创业）循环的开放生态圈。

其次，依托商业模式转型创造一个新蓝海。690 要继续聚焦 U + 智慧生活平台，快速推进 1 + N“网器”用户圈落地，创造交互用户、迭代引领、定制可视化的用户最佳体验，赢得全新的未来。

刘斥听到这个消息后，没等书送过去就亲自跑到文化产业平台来领书了，拿着这本书，刘斥那颗原本就压力重重的心瞬间更“压力山大”了。他表示，这是一种荣誉，更是一种压力，一定要把用户全交互迭代的平台做起来。

路凯林拿到书后的第一反应也是“压力山大”。当天晚上 11：20，路凯林在朋友圈里晒了一组图，他说：“预测未来最好的方法是你自己创造一个未来！张首席亲赠，是压力，更是动力！创业无畏！”

创业文化在全球生根

海尔并购日本三洋白色家电后，将人单合一模式植入日本，成功激发了团队的创新、创业活力，使他们发生了很大变化，很好地实现了自己的价值。比如，AQUA 销售公司当年止亏，海尔、AQUA 双品牌的洗衣机、冰箱合计份额进入日本前五名。原来在泰国的三洋工厂亏损了十几年，但 2012 年也已扭亏。

日本文化是东亚文化，很重要的一点就是“唯尊是从”，只要是领导说的就一定要去做好。但在互联网时代，领导的命令不一定代表用户的意愿，所以海尔把“唯尊是从”改为“唯用户是从”。

日本人的薪酬是 12 个月的工资加上 4 个月的奖金。如果完全按照领导的意愿完成了工作，一年可以拿到 16 个月的工资。海尔对这种制度进行了改革，如果明确地确定了员工给用户创造的价值，并且最终创造出了这些价值，那可能不是获得 4 个月的奖金，而是 5 个月、8 个月甚至 12 个月的奖金。但如果确定的目标完不成，可能连 4 个月的奖金都拿不到。也就是说，让每个人和市场“签合同”。日本员工一开始都不接受，海尔做了很多工作，最后才逐渐接受。

日本企业非常注重团队精神，其年功序列制和终身雇佣制根深蒂固，企业里论资排辈是惯例。如果资历更老的员工没有升迁或退出，下面的员工几乎不可能获得升迁。海尔为了激发团队的活力，改革升迁机制，让绩效与岗位级别挂钩。谁能达成事先承诺的有竞争力的目标，谁就能获得升迁。

2009 年，企划课长阿部巧成功企划了市场上的竞争力方案，为企业实现了超额利润，被公司提拔为企划部部长。当时，他只有 35 岁。在员工感到不可思议的同时，一种更强大的活力正在团队中蓄势待发。

本章结论

“转型找死，不转型等死”这一悖论的本质是，企业转型不可回避的一个问题就是时间约束——企业转型如何能够跟上环境变化的速度？换句话讲，转型必须兼顾创新和效率。自上而下的转型过程往往会获得效率，但会丧失创新，而自下而上的过程有可能获得创新但会失去效率。如何在转型的时间竞赛中胜出呢？海尔找到了效率和创新的动态平衡之道——价值观，以价值观作为企业转型的坐标系。

真实的转型过程是演进的过程，而不是计划的过程，是企业新行动涌现—选择—保留的过程。张瑞敏先生曾形象地讲：“转型就像扭秧歌，晃晃悠悠、有进有退，但整体上是向前的。”

在这个过程中，海尔的价值观发挥着“活化器”和“稳定器”的作用，自以为非的是非观和创新创业的发展观激发出个人、团队和组织的活力，让转型的新行动加速涌现，同时又回到人单合一双赢的利益观上，进行选择和保留。“上”和“下”、效率和创新之间的矛盾得到解决，使企业转型能够加速演进，跟上环境变化的速度。

第四章 开放：让一流资源无障碍进入

如何打破平衡态？

开放之于转型的含义是什么？

转型过程中的开放机制是什么？

第一节 负熵与正反馈

企业会"热寂"吗？

热力学第二定律的宿命。1850 年，德国科学家、热力学主要奠基人鲁道夫·克劳修斯在论文中提出，在热理论中，除了能量守恒定律以外，还必须补充一条基本定律："没有某种动力的消耗或其他变化，不可能使热从低温转移到高温。"这就是我们所说的热力学第二定律。熵增原理则是热力学第二定律的量化表述，熵代表了无序程度，也可以理解为能量不可用程度，在隔离或绝热条件下，系统进行自发过程的方向总是熵值增大的方向，直到熵值达到最大值，此时系统达到平衡状态。

如果将热力学第二定律推广到整个宇宙，则会得到令人恐惧、窒息和绝望的结果——宇宙之熵恒增，终归于死寂。这也就是我们所说的"热寂论"，即宇宙的能量保持不变，熵将持续增大到极值，宇宙进一步变化的能力越来越小，一切机械的、物理的、化学的、生命的等的运动逐渐全部转化为热运动，最终达到处处温度相等的热平衡状态，这时一切变化都不会发生，宇宙处于死寂的永恒状态。平衡态、永恒的死寂，这种宿命映射到社会发展、人的生命、企业生命的状态，面对熵恒增，我们似乎别无选择。

如果将企业视为生命体，也会面临熵增的问题。我们前面提到的企业组织僵化，就是熵增的另外一种状态，它看似平衡、均质，甚至是和谐的，但就是没有变化，处处都是“隔热墙”，新的能量无法快速输入，结果自然无法逃脱“热寂”的宿命。1944年，奥地利物理学家薛定谔在《生命是什么?》一书中提出了负熵的概念，“一个生命有机体在不断地产生熵——或者说在增加正熵，并逐渐趋近于最大熵的危险状态，即死亡。要摆脱死亡，要活着，唯一的办法就是从环境不断地汲取负熵。一个生命有机体具有推迟趋向热力学平衡（死亡）的奇妙能力，就像是活有机体吸引一串负熵去抵消它在生活中产生的熵总量，从而使它自身维持在一个稳定而又低熵的水平上。”无疑，增加负熵成为企业作为生命有机体逃脱死亡的出路。但如何才能够汲取负熵呢?

耗散结构的希望

1969年，著名物理化学家普利高津提出了耗散结构论，为企业打破“热寂”的宿命找到了出路，使我们看到了未来的希望。他认为，在远离平衡态的开放系统中，通过控制某些边界条件可使系统失稳，并过渡到与原来稳态结构完全不同的新的稳定态。这种建立在不稳定态之上的新的有序的稳定结构，是依靠与外界不断交换物质和能量来维持的，称为耗散结构。一个远离平衡态的开放系统有可能通过从外界取得负熵流的办法来抵偿系统内部的熵增量，使总的熵变为零甚至为负值，从而使系统的有序化程度越来越高。

简单来讲，人体就是一个耗散结构，作为生命体我们不停地进行新陈代谢，并可以通过锻炼来强健身体。实际上，锻炼就是要打破原来的稳定态，通过锻炼引入负熵流，消耗掉多余的脂肪，然后进入一个新的健康状态。而一旦新陈代谢结束，不能同外界进行物质和能量的交换，也就预示着生命的结束。

那么如何形成耗散结构呢？耗散结构形成需要满足三个必要条件。

一是开放系统。简单来讲，就是能够同外界进行能量和物质交换的系统，有负熵能够流入的系统。对于企业而言，就是有资源能够输入，同时也有资源能够输出，但总体保持负熵的状态，能够从无序状态进入有序状态。

二是远离平衡态。在平衡态和近平衡态下都不可能形成耗散结构，只有远离平衡态，线性关系不再适应的条件下，才有可能形成耗散结构。均衡即死亡，甚至均衡本身就是一种死亡的状态。

三是非线性的正反馈。正反馈本身可以理解为自我复制和自我放大的机制，就是自己的输出再作为输入，同时新的输出大于输入。这种机制能够使微观层面无数小分子协同起来，在宏观上表现为有序。同时，非线性则强调突变的可能，简单来讲就是要产生“1+1>2”的效果。在远离平衡态的条件下，非线性的冲击促成突变发生，使得系统从平衡无序走向有序的耗散结构。

“开放”的操作性含义

现实中，我们可以看到许多的企业管理者和员工都在辛劳工作，有序运转，但最终却无法避免“热寂”的宿命。在表面现象的背后，是这些企业的组织僵化问题。在既定的组织结构、流程和资源配置机制作用下，企业和外部资源不能进行交换，企业内部看似平衡、和气一团，结果内部熵值不断增高，出现“光发热不做功”，最终只有走向终结。自然，我们期望引入负熵来破解这一宿命。而负熵的引入，又需要企业组织成为耗散结构。实际上，我们讨论的企业开放正是在这样的情景下展开的。从管理实践看，具有以下三层操作性的含义：

一是从远离平衡态开始。在平衡态或者近平衡态状态下，组织往往会陷入旧惯例之中而不能自拔，自然也就不愿意同其他资源进行互换。因此，企业开放的前提就是远离平衡状态，处于一种不稳定、有压力和约束的状态。

在人单合一的管理实践中，远离平衡态就是远离以企业为中心的状态，向以用户为中心的状态转换。远离平衡态，意味着管理者和员工角色的重新定义。对于原来的管理者而言，就是从原来资源配置转换为接口者，不是过去行使签字权，而是开放接入一流资源；对于员工而言，不是拿工资的被雇佣者，而是创业者和合伙人。

打破平衡态：自断后路。这些状态的变化，对于管理者和员工而言，就是自断后路，向以用户为中心的新惯例迈进。如果做不到这一点，所谓的开放一定会大打折扣，或者只是做做样子而已。因此海尔正在实践中探索分配制度的变革，从企业付薪向用户付薪转变，从岗位酬向用户价值酬转变。真正从激励机制入手，彻底打破和远离平衡态，为更好地开放创造条件。分配制度与员工利益密切相关，既涉及工作的目标也涉及对工作结果的评价和分享，它将直接影响员工行为的改变。

我们也经常听到企业要打破边界，其实真正的边界是企业员工的心理边界，而心理边界的破除需要自身远离平衡态，去适应新的角色定位、开展新的行为，并逐步形成开放的新惯例。更直白地讲，就是要打破一流资源和用户之间的“隔热墙”，因为这些“隔热墙”将会阻止负熵的引入。从一定程度上讲，“隔热墙”能否远离平衡态，直接决定了企业是否真正开放。

张瑞敏坦言：“海尔的人单合一管理转型到现在，为什么时间比较长？很大的一个挑战就是上万名中间管理层一定要转变为创业者，否则就要离开。这里所说的‘中间管理层’，并不是传统的中层领导、中层管理者，而是指企业和用户之间的那一道‘隔热墙’，这些人不一定有什么职位，但所有外面来的资源都要经过他们。比如，供应商要到海尔来必须经过他们，这就衍生出很多问题；现在，所有的供应商只需要通过网络就可以进入。”

二是引入一流资源、平台与机制。研发、人力、资本、供应商和用户等这些外部的一流资源可以无障碍地进入组织，更有效地为用户创造价值。

资源进入的平台。在人单合一的管理实践中，面对开放的要求，“人”是指员工，更是与员工相连接的外部的一流资源。“人”的含义已经超越了企业边界，变得更加丰富。为了更有效地连接各种资源，海尔建立了开放式创新平台（HOPE）、开放的供应商平台（海达源）、开放的用户交互平台（众创汇）和开放的创业平台（海立方）。通过这些平台，外部资源可以更加通畅地进入海尔。

专栏：海尔开放创新平台（HOPE）

海尔开放创新平台（Haier Open Partnership Ecosystem，HOPE），是海尔与全球伙伴交互创新需求、寻求优秀解决方案的网络平台，通过与全球伙伴知识共享、资源共享，建立专业领域的个人圈子，打造全球创新交互的社区。

2013年10月，HOPE平台正式上线。2014年6月，HOPE平台改版升级。目前，HOPE平台有社区交互、创意转化和技术匹配三大板块。通过三大板块，HOPE平台构建了五大核心能力——捕捉最新的行业技术动态；建立专业的交互圈子；持续产出各类颠覆性创意并孵化；快速精准匹配全流程资源，即对后台资源库、方案库、需求库和创意库进行配对，匹配精准度高达70%；创意转化全流程支持，即为创客提供从创意的提出、交互、孵化到产业化、营销等全产业链条上的支持。

HOPE平台彻底打破了用户和资源之间的阻隔，已经成为中国最大的创新开放社区，也是亚洲最大的创新资源配置平台。HOPE平台面向全球，建立了超过200万家资源一流的资源网络，超过10万家资源在HOPE平台注册，每月交互产生创意超过500个，每年成功孵化超过200个创新项目。

平台上形成了空气生态圈、美食生态圈、洗护生态圈、用水生态圈和健康生态圈等七大生态圈，通过用户与合作伙伴之间的交互持续不断地产生引领的创新成果和颠覆性的用户体验。

在HOPE平台上，不同的创新机构互相吸引、协同创新。有美国麻省理工、斯坦福等一流大学，有中科院、德国弗莱恩霍夫协会等研究机构，有新创的小型技术公司，也有知名的世界500强企业以及很多互联网企业，所有人都为了创造美好的用户体验共同努力。

HOPE平台通过共建专利池；模块商参与前端设计，超利分享；投资孵化；联合实验室，成果分享；成为供应商伙伴获取收益等多种合作模式，与创新合作伙伴共创、共享、共赢。

资料来源：根据海尔官网整理。

资源进入的机制："高单聚高人、高人拿高酬。"除了创造外部资源可以进入的平台条件之外，机制的创新也是非常重要的。在这里高单是指在开放市场中具有第一竞争力的价值主张，这个"价值主张"或者说是"目标"，不是由内部现有资源水平决定的，而是在开放条件下市场和用户决定的。因此，就需要咬定"单"以吸引"高人"进来，从而引入外部一流资源。那么，为什么外部一流资源愿意进来？或者说引入外部一流资源靠什么？实际上，非常重要的就是做到"高人"能够拿到"高酬"，这里的"高酬"是指资源应得的价值回报，是共创、共享的价值。"高人"之所以愿意进来是因为可以获得"高酬"，而"高酬"源于为用户创造价值，源于"高单"的实现。

三是形成正反馈、优化和突变。正反馈意味着外部进入的资源能够得到持续优化，一方面是现有资源自身的持续优化，另一方面是更优质的资源能够替代现有的资源。同时，还有可能释放资源背后的资源价值以及资源之间的网络价值，真正产生资源进入后的突变效果。

资源的持续优化：按单聚散。资源进入后如果固化，同样也会产生熵增的结果。因此，就需要保持持续开放，进行资源的持续优化。在人单合一的管理实践中，非常重要的一条机制就是按单聚散，根据用户价值来对资源实现聚集和解散，真正从用户价值出发来进行资源的优化，用户价值才是驱动资源持续优化的源动力。

资源的突变。通过开放接入资源之后，尤其是资本的开放会带来资本背后的相关资源，会形成资源的非线性优化，甚至产生突变。此外，各类资源的进入也会在资源之间产生意想不到的协同效果，即产生“1 +1 >2”的效果，甚至会在资源网络丰富到一定程度后产生“梅特卡夫网络效应”，真正释放出资源的网络价值。事实上，这一点已经在海尔的一些创业“小微”身上得到了体现。比如雷神和有住网等，在它们开放接入技术、人力和资本等资源的同时，已经出现了突变，意象不到的资源被接入和新的“小微”又在涌现，新的价值也正在被发现。

第二节 开放式创新生态圈

开放式创新缘起

唯创新才能生存，但采取何种创新方式尤为关键。开放式创新是由加州大学哈斯商学院切斯布鲁夫教授提出的，主要是针对美国大企业中普遍抱有非本地发明（Not Invented Here，NIH）观点的回应。简单来讲，非本地发明多少有些封闭的意味，而面对技术的快速变化，除了自己主导完成的本地发明、本地商业化之外，更重要的是有效整合全球的技术创新资源，加速释放技术的市场价值。开放式创新主要是指企业能够将外部创意和内部创意同等对待，并在商业化路径上既可以选择企业内部创新，也可以选择企业外部创新。在切斯布鲁夫的开放式创新概念中重点强调了创意和商业化的开放，强调对创意和技术商业化这两方面内外部资源的有效整合，这是开放式创新模型的核心（见图4－1）。

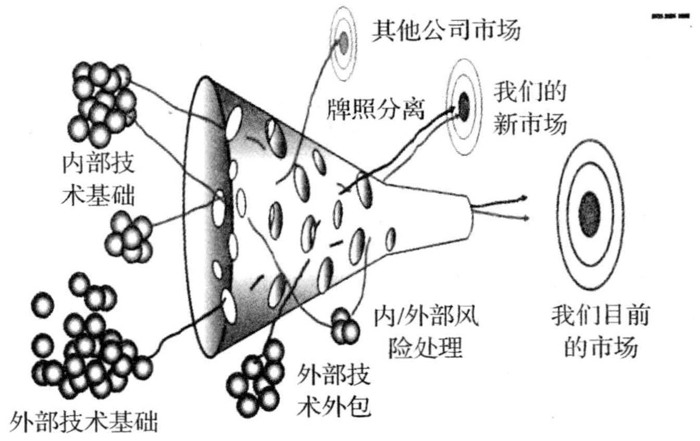

图 4－1　开放式创新模型

资料来源：切斯布鲁夫·开放式创新：进行技术创新并从中赢利的新规则［M］．北京：清华大学出版社，2005。

通俗来讲，就是创新的入口和出口都是开放的，在入口方面既可以有内部技术资源，也可以有外部技术资源加入，两者可以有效整合，实现外部技术资源内部化，不必仅以企业内部资源为边界。同时，在出口方面，创新的成果既可以用于企业的当前市场，可以用于新市场，也可以为其他企业利用。也就是说，在创新的全过程都可以开放地进行资源互换，使创新如源头活水般在企业运营中持续流淌。

用户驱动的开放式创新生态圈

开放是人单合一管理的重要内涵，本质上就是要在世界一流资源和用户需求之间形成有效对接，使得一流资源能够快速、有效地满足用户需求，海尔的开放式创新生态圈正在承接这一使命。

海尔的开放式创新生态圈，除了具有切斯布鲁夫提出的开放式创新概念的特征之外，还有两个特点：一是用户驱动，即强调用户对开放式创新的驱动作用；二是共创、共享、共赢，即强调相关资源方建立价值共创、共享、共赢的合作机制，营造更好的创新生态环境（见图4-2）。

简单来讲，海尔就好比一个开放、没有围墙的大花园，这里有丰富的创新土壤、阳光、空气和水，创新的资源就好比种子一样可以在这里扎根、成长、开花，而用户就是这个花园的主人。在这个创新花园中，已经取得了阶段性成果。2013年，全球著名咨询公司波士顿发布“全球创新力50强”（2012），海尔名列第8名，与苹果、谷歌、微软、三星共同跻身前10强。此外，一系列创新产品和服务，如天樽空调、免清洗洗衣机、磁制冷酒柜、NOCO热水器、雷神游戏本、智慧烤箱、巨商汇等相继涌现出来。在这些产品和服务的背后，我们可以看到世界一流创新资源和用户快速有效对接的影子。

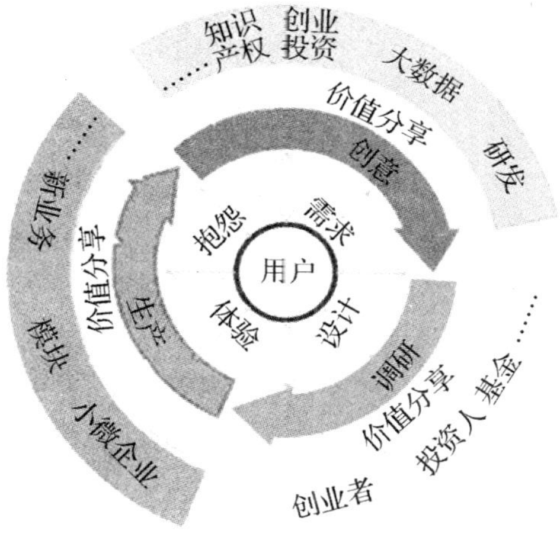

图4-2 海尔开放式创新生态圈

用户居于创新生态圈的中心。用户的抱怨、需求、设计和体验驱动着调研、创意和生产等活动，而这些活动又由开放的研发、供应商、资本和分销等资源平台支撑。实践中，HOPE平台开放接入全球研发资源，海达源平台通过网络接入全球一流模块化供应商资源，众创汇平台则使用户的个性化定制得到满足。用户创意在这里汇集，海尔创投则提供着资本支持。在这里，研发、供应商、制造和资本等资源得到快速有效整合，最终输出的是能够为用户创造价值的产品和服务。

社会化：双向开放。这些平台不仅服务于海尔，同时也可以向全社会提供服务。同样，对于海尔而言，除了依托这些自有平台之外，还同其他非海尔资源平台展开合作。事实上，只有这样的双向开放才是真正意义上的开放创新生态圈，才能真正引入负熵而不是出现熵增的结果。这种双向开放是全流程的，包括创意、产品原型、研发合作、营销研究与促销、制造、分销和资本等环节，内外部资源在这里交汇（见图 4－3）。当然，无论是海尔建立的资源平台还是其他资源平台，只有相互协同、共同为用户创造价值，才能够共享价值。

图 4－3　全流程开放创新资源支撑

资源与用户有效对接

以海尔面向全球开放的研发资源为例。海尔 1998 年就建立了中央研究院，是国内最早建立中央研究院的企业之一，对海尔成为全球化品牌起到了重要的支撑作用。虽然中央研究院也采取了开放的思路，对接了许多外部研发资源，但从总体上来看，还是采取瀑布式的研发，没有在资源和用户之间建立最直接有效的对接，形成在产品研发上的持续快速迭代。目前，海尔在欧洲、北美、亚洲、中国和澳大利亚建立全球五大研发中心，通过内部1150名接口人，紧密对接10万多家外部一流研发资源、120多万名科学家和工程师，组成一流资源的创新生态圈。每个研发中心都是一个连接器和放大器，可以和当地的创新伙伴合作，形成一个遍布全球的网络。那么，这些资源如何进行有效整合呢？

全球研发资源的开放整合过程是一个双向的过程。一方面，海尔拥有冰箱、洗衣机、空调、厨电和多屏等多个产品线，这些产品线都有相应的用户“小微”，负责发现和捕捉用户需求。当它们捕捉到相应的用户需求时，就将用户需求向资源方传递，寻求相应的资源同用户需求对接。另一方面，资源提供方也将获得的资源信息向产品线方面进行传递（见图4－4）。在具体的开放整合过程中，有以下三个群需要进行协同。

一是技术商业化群（TTB）。从产品线出发，主要思考针对用户需求，如何使技术商业化，并承担着整个过程的落地。

二是全球资源整合群（GRI）。从资源方出发的GRI，主要依托海尔全球五大研发中心在全球寻找外部研发资源，并进行研发资源整合、动态管理和优化。

三是支撑群（SG）。支撑群主要是跨团队的组织，包括竞争性技术情报分享、专业技术委员会和项目管理办公室，主要是在用户需求这一同一目标下，促进产品线和资源方的高效协同。

我们不难发现，这个过程简单来讲就是用户需求和资源的对接。就资源而言，除了线上的HOPE平台，海尔还有线下的全球五大研发中心。现实中，对用户需求的把握，又直接决定了引入资源的方向。但用户需求从哪里来？这个问题同样需要进行开放式的思考。事实上，对用户需求的有效捕捉是整个生态圈中最为重要的一环，也是整个创新生态圈的源动力。

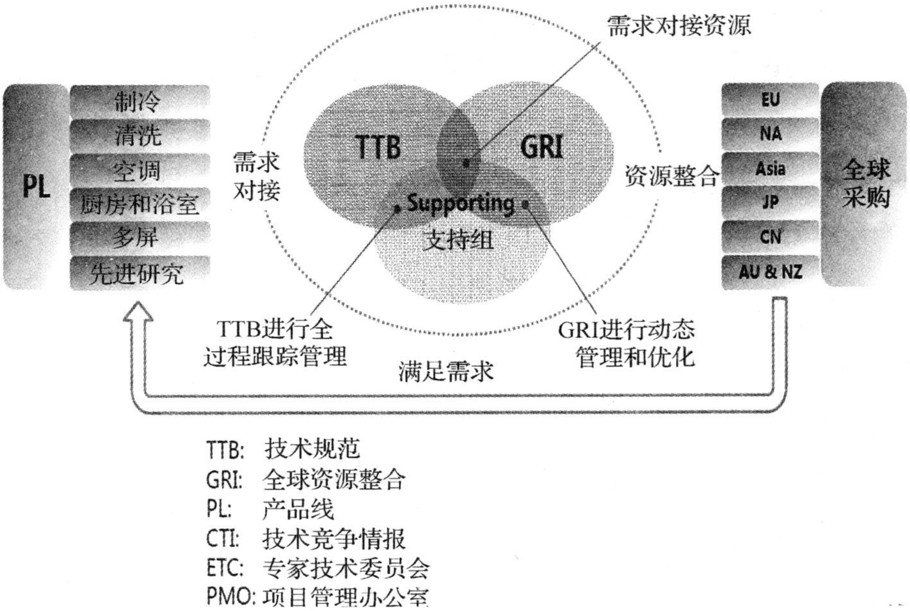

图 4－4　海尔研发资源的开放整合过程

源动力：全流程用户交互

用户参与全流程创新交互，在全流程交互过程中产生的问题就是资源为用户创造价值的切入点，就是引入外部一流资源的方向。事实上，正是用户全流程交互产生的问题，促使海尔开放式创新生态圈远离平衡态，进而持续优化资源。

具体包括以下四步：第一步是基于大数据的用户交互，即运用大数据分析社会热点、用户抱怨，可以对用户需求进行初步识别；第二步是开放的创意交互，即在用户、制造商、供应商、设计商、大学和研究机构之间形成充分交互，产生具有颠覆性的解决方案；第三步是互动体验，即锁定领先用户和粉丝，进行线上和线下的交互；第四步是交互出领先的产品，即通过迭代开发和持续交互开发产品。这个过程是一个正反馈的过程，第四步完成后又作为输入进入第一步进行持续迭代（见图 4－5）。

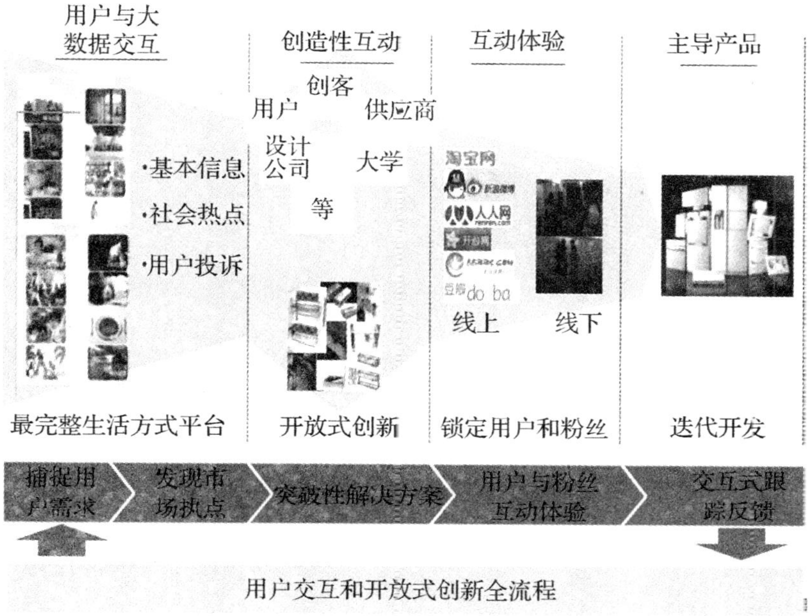

图4－5 全流程用户交互

第三节 开放的机制

“高单”：引领的目标

引领的目标从哪里来？对于目标的设定，有推动和拉动两种思维模式。我们习惯用推动的思维去思考问题，习惯接受上级下达的目标和指令，习惯同领先企业对标，习惯对现有目标进行趋势性外推，习惯依靠现有的知识、经验和企业资源去设定目标。这些思维习惯对于跟随是适用的，但更多的是在原有的思维框架下打转转，囿于既有资源的束缚，无法将引领的目标真正具象化，并真正转化为引领的实践。

引领是拉动的思维。它是从未知出发，去思考如何为用户创造价值，是对未知的探索。跳出现有资源的束缚，从用户体验出发去思考引领，从企业开放商业生态圈的角度去思考引领，从同供应商协同创新的角度去思考引领。换句话说，就是需要打破“既有资源决定目标”或“既有的人来定目标”的“划界为牢”思维，打破“现成供应商资源唾手可得”的思维，真正在开放的环境下去思考为用户创造价值。

2012 年 6 月，海尔推出的水晶洗衣机上市，仅用 4 个月时间就拉动海尔滚筒洗衣机整体份额超过原来的行业领先者 3. 5 个百分点，增长速度是行业增速的 4 倍；利润率为 10. 5%，是行业平均水平的 1. 65 倍。在行业整体下滑的情况下，“水晶”系列实现了双带动、双提升，带动滚筒洗衣机收入同比提升 26%，带动整个洗衣机板块的业绩同比提升 24%。

海尔水晶洗衣机重新定义了用户体验和行业标准。“以前经常是衣服刚放进洗衣机里转了两下，孩子就被吵醒了，结果衣服洗不成，孩子也半天哄不睡，现在再也不用为这个发愁了。”一位用户说。水晶洗衣机采用行业领先技术，实现“静”与“速”的完美结合，能够达到 45 分贝的超低静音效果和 1600 转/分的行业最快转速。

以前，“水晶”团队的产品在市场上排名第二，他们认为行业第一是无法超越的。现在，他们发现要实现引领的唯一途径便是能给用户带去更差异化体验的产品，源动力就在用户交互。

“水晶”的定位就是要提供一个最完美的洗衣方案，“水晶”的原则就是要成为行业的引领者。对于这句话，“水晶”团队的解释是，“目前行业最高水平是谁，我要做的目标一定是要超越这个最高水平。那么，对于我们来讲只有两个选择，要么你就做，要么你就不做”。

研发方向决定产品命运。在企划创意阶段，用户价值点发现、研发方向决策至关重要，直接决定了未来产品在市场中的表现。传统的做法一般就是问卷和入户调查，通常只能够做到几千份的问卷、几百户的入户调查。样本量少、成本高、速度慢、开放度有限，成为研发方向决策、用户价值点发现过程中难以克服的困难。

虚实互动获取用户价值点。“水晶”团队通过搜集、分析大量线上数据，获取有价值的信息。他们通过京东、淘宝、苏宁易购、海尔商城、售后系统、Workshop、专业调研公司和行业检测数八种途径，采集了200万用户的需求。分析、归纳后发现，用户对噪声的抱怨排在第一位，占比为25.5%。北京的一个用户形容，“甩干的时候像飞机起飞似的”。

用户抱怨成为为用户创造价值的起点。“水晶”团队成员郭玉田说：“通过线上互动获取了用户的需求，用户需求转化成产品。同时，用户需求在实验过程中反映出来的哪些点会让用户在使用产品的过程中更多地关注，这些点就要转化成线下体验的方案。”

模块设计网耿雪峰说：“当时我们做了很多调研，尤其对一些老用户，我们会聊他们会遇到哪些问题。只要用过滚筒的，噪声问题是第一位的，第二位的共性需求就是洁净，第三是智能化，第四是快速，第五是要求呵护衣物，对一些中高端用户来说，这个需求已经越来越明显。我们主要集中在五个方面对未来的‘水晶’产品做了一些性能要求。”

他们进一步分析用户资源：中国共有洗衣机用户3000万，其中滚筒洗衣机用户为480万，按照25.5%的占比，那么对噪声有抱怨的用户就有120余万。拿着用户体验的大数据，2010年9月，团队确定了水晶洗衣机的创意：研发一款行业引领的、用户体验最安静的洗衣机。

是不是“高单”还得用户说了算。用户参与线上线下互动设计，通过“三轮九步”，逐步练就“高单”。第一轮互动，用户认为整体外观效果要优于行业其他对手，但也有用户反映整体造型过于生硬；第二轮互动，部分部位改进后，用户好感度提升，但个别地方仍需要调整；第三轮互动，通过前两次的修改，整体效果和部位，海尔均优于对手。

谈到设计的修改，模块设计网耿雪峰说："我们自己以为设计很简洁，但用户整体反映产品风格生硬，感觉亲和力不够；我们技术人员自己以为功能操作很省力，但用户反映看不懂，于是我们又重新排版。"

互动中的换位思考。在"水晶"产品整个设计定型后，"水晶"利共体在全国选取代表性的城市，把产品带到终端去，让用户客观评价。尤其像产品外观是无法在线上进行体验的，必须以线下为主，所以在各个海尔用户体验中心做出1:1的产品和界面让用户操作，然后由用户评估。通过线下体验，"水晶"团队逐渐意识到，当真正面对终端用户时，"用户确实不像我们自己设想的那样"。例如，在操作程序上，"水晶"团队觉得不存在问题的地方，用户却觉得很痛苦。因为用户几乎不会看说明书，而是根据自己的理解进行操作。

线上线下有机互补，发现，发现，再发现。实网的调研能够发现一些线上发现不了的东西。在线下调研的过程中，"水晶"团队发现："有些用户开门会觉得不方便，这是以前从未想到过的。有一些人第一次会拽不开，必须再用力拽一次。而在关门的时候，你会发现门关上以后需要用手拉一拉，看看关没关紧。"这一新发现又创造出产品进一步提升的价值点。

"水晶"产品有五大优势，概括为五个字——"静、净、柔、智、速"，这都是在用户参与互动体验的过程中提炼出来的。

举"高单"、聚"高人"

咬定"高单"不放松：静音和盈利。在寻求静音解决方案的同时，"水晶"团队颠覆了以前的盈利模式。以前，他们生产产品卖产品，卖多少算多少；但是现在，他们锁定获取的用户数据，锁定第一竞争力的盈利目标，要达到行业最高水平的 1.2 倍。

既要静音又要盈利，这几乎是一个不可能完成的任务，对团队挑战极大。他们发现，如果还是现有的人、现有的资源、现有的工艺，不管是静音的功能，还是盈利的目标，都不可能实现，他们被迫开放。出路在于咬住引领目标，吸引国际一流资源。

“高人”在哪里？带着疑问和渴望，2010 年 9 月，模块化供货节点拿着最初确定的 40 万台的订单，开始在全球范围内举牌吸引一流模块化供应商资源。两个月的时间便吸引来众多国际一流的供应商主动表示愿意参与这个项目的研发。

但是最初面对这些一流模块化供应商资源时，团队负责人蒋玉亮并不以为然。他认为：“我们专业干洗衣机的都不行，他们能行吗？”但是，当应用了 F 公司震动模块的样机出来时，现场体验到静音的效果后，蒋玉亮和他的团队成员都惊呆了——自己三五年都解决不了的问题，对方却早已有了解决方案。

模块设计网的耿雪峰说：“我们发现，如果洗衣机想达到我们的预期，好多东西我们自己是做不了的，而且我们原有的供货资源、原有的供应商也做不了，我们只能去外部寻找国际上一流的供应商。如果‘新瓶装老酒’，肯定是做不大的，必须寻找新方法，通过开放解决问题。”

协同创新：人单自优化

一流的资源并不等于一流的订单。按照老办法，虽然有一流的资源，但并不意味着能够获得盈利，甚至会出现“高人”不能够、不愿成就“高单”的现象。“高单”同样还需要“高人”的认可和参与。只有在利益共同的前提下，通过协同创新，找到新办法，将一流资源转化成一流的订单，才能成“高单”，获得盈利。

关于静音的驱动模块有了解决方案，但是与F公司进一步深入合作时，新的困难出现了。面对“水晶”团队最初制定的40万台的目标，F公司不签合同。因为现在的驱动系统不是模块，共有37种规格，平均下来，每个规格一年只有1万台。这么小的量，F公司不接，因为他们的生产线是全自动的，不支持这种小量的订单。实际上，这还意味着“高人”这么做了，是拿不到“高酬”的。

促协同——“利益共同、心中有底”。一流的资源加入的背后意味着丰厚的盈利，意味着“高酬”。在利益共同的前提下，“水晶”团队与F公司共同参与、协同创新，进行产品模块化架构。协同创新的过程是一个信任不断增强的过程。F公司有一个完整的研发团队和“水晶”团队进行对接，为“水晶”产品进行研发。在合作之初，由于未来产品线投入较大，F公司也不太有信心。当“水晶”团队告诉他们前期所做的准备工作，F公司对“水晶”产品的信心也就增加不少。

5个月后，这37个规格被两个模块取代。同时，“水晶”团队对F公司承诺的订单量也从以前的40万台提升为80万台。

最后，“水晶”团队与F公司签订了协议。为了更好地为海尔供货，F公司还专为海尔在泰国新建了两条生产线。一流的资源转化为一流的订单，实现了“高人”成“高单”、“高人”拿“高酬”、“人单”自推动。

动态资源优化：持续聚“高人”

“高人”才能保证“高单”的实现。今天的“高人”未必是未来的“高人”，只有持续地吸引来“高人”，最终才能够保持持续的引领，持续地满足用户需求。

资源在持续优化。水晶洗衣机一共有6大系统、25个模块。按照一流模块化供应商的漏进标准，从321家全球供应商中漏入了43家国际一流模块化供应商。而且，一流的资源之间也实现了对接，如静音的实现，来自F公司的驱动模块与S公司的外筒模块实现了无缝对接。在一流供应商的参与设计下，水晶洗衣机 25 个模块中的 15 个核心模块实现了引领。到现在，为了实现全流程的智能化制造，按照漏入标准，智能制造资源网已经吸引了 4 大类 14 小类 116 项资源，其中已合作的有 75 项、交流中的有 41 项。

用户需求仍在不断变化。例如，现在已经有用户提出来，虽然现在水晶洗衣机甩干的静音体验好了，但是现在脱水泵的声音还是很大。面对新的用户需求，原有的国际化模块供应商已经不能承接，新的更有竞争力的模块化供应商被吸引进来。2012 年 11 月，受海尔 200 万台订单的吸引，A 公司表示可以整合总部研发资源，为海尔开发满足用户需求的水泵。

资源优化新挑战。洗衣机平台主舒海坦诚地说：“作为接口人，压力最大的就是接入国际一流资源。”水晶洗衣机的持续升级需要持续引入国际一流资源。关于模块化设计，如果按照每个模块至少有两家供应商来参与设计，现在还差 7 家；关于智能制造，应引进 211 项资源，目前还差 95 项；关于用户体验大数据，蒋玉亮他们也认识到自己还有差距，目前正在协同 PSI 进行大数据的建立。

超越彼此：共创、共赢与共享

“水晶”团队本身在不断演进，从最初的欧式自主经营体又进一步升级为“水晶”利共体。“水晶”系列洗衣机是欧式经营体 2012 年 6 月推出的产品。该经营体成立于 2011 年 5 月，主要负责滚筒洗衣机产品的企划和设计，有 48 名成员。2012 年 12 月 26 日，海尔进入第五个战略阶段——网络化战略阶段，以项目为中心，强调全流程、开放、动态和竞争的利共体就成为经营体的组织升级版。以“水晶”系列为中心，欧式经营体升级为举“水晶”高单的利共体。

在自主经营体阶段，主要强调型号需要同制造、市场经营体之间，在用户需求同一目标倒逼下的协同。此时，内部协同和节点契约成为管理工作的重点。进入利共体阶段，全流程虚实互动识别用户需求，开放协同接入国际一流资源，利益共创、共享就成为管理工作的重点。

“水晶”利共体是一个面向全球开放的商业生态圈，由模块设计网、模块供货网、智能制造网和虚实营销网组成。这些网络背后依托的是海尔平台，海尔平台又是向全球一流资源开放的，连接世界一流设计、供应商、制造和虚实营销资源，这些资源通过海尔平台进行协同创新和动态优化。

主体、连接和驱动机制是商业生态圈的关键词。“水晶”利共体的四网、资源平台和国际一流资源构成了商业生态圈的三类主体，这些主体之间又存在着网络化的连接。驱动利共体演进的重要机制是具有共同价值主张的利益相关方，共同创造价值，共同赢得利润，共同分享利润。

共创、共赢、共享背后体现的是合一双赢，是海尔员工、外部一流资源和用户之间一种新的关系。这种关系恰恰体现了一分为三的管理哲学观，传统的市场交易关系更多地强调买方和卖方，强调的是单边市场关系。在海尔的平台上，各个主体之间关系的内容更加丰富。除了买卖双方之间单纯的交易关系之外，还有更加丰富的共创价值、多方共赢和共享收益的关系，这种关系常常会产生无中生有的结果。如果仅从一次性的交易关系看，可能没有明显的价值增量，但是在深入的协同共享中，我们就会在原本的“无”中发现新的“金矿”——价值创造的增量。通俗地讲，在传统的管理关系中更多的是分彼此之间的关系，而在人单合一管理实践中，如果我们能够很好地做到不分彼此，就会在彼此之间发现很多种关系和状态，创造出超越彼此的价值。试想，如果“水晶”利共体没有商业生态圈的思路，没有同用户的全流程线上线下交互，没有海尔同外部一流资源之间的深度协同，就不会出现“水晶”系列产品。

在管理实践中，共创、共赢和共享包含四重关系，即海尔平台和一流资源之间的协同创新关系、资源之间的互补关系、用户和海尔平台之间的交互关系，以及用户之间的相互交互关系。这四种关系彼此之间还在相互作用，以形成多方共赢的格局。

开放、开放、再开放：人力和资本社会化

开放无止境。社会化成长已经成为未来企业成长的代名词，我们寄希望在封闭的堡垒中获得永生，我们既需要在开放的社会化环境中获得资源，也需要将取得的成果进行社会化的检验。只有经过这个过程，才能有效完成企业组织同外部环境之间的能量交换，才能引入负熵。换个角度来思考，只有做到持续开放，才能够证明企业自身具有核心价值。如果有一天不能够持续开放了，也就证明企业没有存在的价值了。

在开放的过程中，研发、供应商等资源的开放相对容易些，更加困难和更具挑战性的是企业自身人力资源的开放和资本层面的开放。从一定意义上讲，如果仅做到了市场交易层面的资源开放，只能算是开放的第一步。

在巨商汇的实践中就毫不妥协地进行着动态人力资源优化。传统企业往往先制定规划而后配置人力资源。因为规划在一定时间内不变，所以人力资源的配置也不变。但巨商汇更加注重根据用户价值来动态地配置人力资源。

一方面是根据岗位价值优化配置人力资源。巨商汇战略处在灵活变动的状态，新项目的启动、老项目的中止是经营常态。因此，人力资源也是处于“边招边压”的状态。巨商汇规定：任何项目三个月如果不能上线就要被取消，这个项目的成员就要离开。公司原来设有互联网金融部门，但因为创造价值不力被撤销，团队成员全部被解约。当时，处于“壮士断腕”境遇的李华刚只好对员工说：“这不是你们

的错，而是你们所在的岗位没有价值了，你们留在公司也没有发展前途，赶紧出去寻找发展机会吧。”

另一方面是根据员工价值优化配置人力资源。如果说岗位价值是巨商汇配置人力资源的第一标准，那么员工本身的价值就是第二标准。巨商汇制定了考核制度，每个岗位都有价值指标。如招商岗位，考核活跃了多少客户数；技术岗位，考核每个项目的进展及其实现程度。指标简单，导向明确，可计量，与业务紧密挂钩。做到了就做到了，没做到就没做到，非常清晰。

巨商汇规定，员工如果两次考核不合格，就必须离开，并且执行起来毫不含糊。2014 年 8 月，李华刚带领 150 人创立了巨商汇，但不到三个月就淘汰了这个团队的大部分人，现在还留在巨商汇的只有 20 余人。淘汰的原因主要是这些人没有在互联网企业工作的思维方式与能力，不能为企业带来价值。例如，让他们搞招商，却活跃不了客户；让他们解决平台 bug，却不能按时完成；让他们参加通宵的头脑风暴会，却抱怨不能按时回家。

动态优化人力资源的结果，使巨商汇的员工队伍处于常态化的变动中。2015 年 1 月招聘 8 人，解约 3 人；2 月招聘 10 人，解约 1 人；3 月招聘 28 人，解约 9 人。2015 年 3 月员工人数达到近 300 人，但 7 月又减少到约 250 人。如此变化是否影响业务？李华刚认为不会。“流水不腐”，他又加上“不腐不流”。之所以要流，是因为已经没有了价值，必须要采取行动。他相信，这样的人力资源结构更加符合公司的战略发展和平台优化的要求。

同样，只有在资本层面的开放，才会给企业导入更多的优质资源。在海尔的“小微”实践中，一个重要标准就是“小微”能否做到资本层面的社会化。如果“小微”不能够引进风投，吸引资本方的关注，那么“小微”的自身价值也就不能很好地体现了。目前，雷神、有住网都已经引入了风投，这些投资方不仅带来了资本，还引入了新的资源，丰富了“小微”的生态圈。

本章结论

转型意味着打破平衡态。转型之难在于企业被锁定在平衡态中无法自拔。从以"企业为中心"转变为"以用户为中心"，不可能在封闭的企业中完成。只有通过开放，让用户参与全流程的体验，让一流资源无障碍进入，才能真正打破旧的平衡态。

开放是打破平衡态的重要方法。开放意味着首先从远离平衡态开始，具体包括岗位、薪酬的再定义；其次是通过搭建平台和机制，引入外部一流资源；最后是形成正反馈，一流的资源可以持续优化。

转型中建立开放机制的关键是咬定"单"优化"人"，即通过引领的目标，聚集一流资源，而不是以人定单，根据现有的资源来定目标。开放无止境，只有通过人力和资本社会化，才能引入更优质的资源。

第五章

中性思维：拓展转型空间

经验是“好老师”还是“坏老师”？

如何避免转型空挡陷阱？

新能力从哪里来？

第一节
中性思维的力量

经验是“好老师”还是“坏老师”

从成功总能走向成功吗？这是企业成长过程中我们经常会问的一个问题，实践中也是总想复制已经取得的成功实践，认为同样的实践能够重现过去的成功。现实中，这样的做法极易导致陷入“能力锁定”之中。我们说，在外界环境不变的情况下，越做越精、越做效率越高，企业向自己熟悉的领域不断前进，走向精深，这样是有可能为企业带来成功的。但在外界环境发生剧烈变化的情况下，尤其是在产业格局发生剧变的前提下，情况就会有所不同。此时，想复制成功就变得非常困难，反而会面临“能力锁定”的风险，在快速变化的环境面前变得迟钝和僵化。

“隔山”与“出局”之困。我们常说，“隔行如隔山”。但现实是“行”的格局已经在发生变化，如果故步自封，以封闭保守的姿态守住已经在演变的“行”，结果必然会在未来的竞争中丧失有利位置，面临出局的风险。可以说，隔山和出局都是企业成长不可回避的挑战。

在企业的成长过程中，我们倾向于存储那些在过去实践中被证明是有意义的、能够让我们获取成功的经验和知识，形成组织记忆。但在组织记忆中，这些经验既是一个“好老师”又是一个“坏老师”。说它是“好老师”，是因为这些经验能够对我们的实践起到指导作用，可以在过去经验的基础上“按图索骥”，并能够进行相应的积累。说它是“坏老师”，是因为它会限制企业寻求创新与变革时的视野和空间，在我们面对外部环境的不确定性时变得缩手缩脚、不知所措，一不小心就会陷入“能力锁定”之中。

金字塔形组织会放大“能力锁定”效应。金字塔形组织具有精准、高效、守纪律的特点，特别适合大规模生产以及规模经济效应的释放。在金字塔形组织中，往往实行自上而下的管控，有一个成熟的经验就可以在组织中快速进行复制。但从另外一个角度看，这些经验一旦形成，就更加容易形成依赖。一个基本的事实就是，组织行为很容易被既定的流程锁定，而流程的改变因为既涉及纵向上组织层级之间关系的变化，又涉及横向上组织部门之间关系的变化，可谓是“牵一发而动全身”。但由于长期的金字塔形组织行为习惯，往往这“一发”又是很难撼动“全身”的，很容易陷入“牵而不动”的境地。加之，在金字塔形组织中，信息又需要经过层层自下而上和自上而下的传递，本身在面对外部环境变化所产生的刺激时，也就更加迟钝一些。面对刺激的迟钝反应和自身对既有能力的依赖，无形之中金字塔形组织会对“能力锁定”效应进行放大。换句话讲，外部环境变化越快，在金字塔形组织中经验作为“坏老师”出现的可能性就越大，企业本身也更容易表现出迟钝和僵化，不愿意接受变化，处于停滞的状态。

打开决策思维之窗：经验＋中性

中性理论的观点。中性理论是由日本遗传学家木村资生提出的，他根据分子生物学所揭示的事实说明，在分子水平上发生的突变多半是中性的，它们对生物的生存和繁殖既不是有利的也不是有害的，不涉及被保留或被淘汰的问题，所以自然选择对它们不起作用；这类中性突变在群体中的保存、扩散或消失，完全取决于随机的遗传突变。达尔文强调变异会迅速被环境捕捉、识别和筛选，而中性理论则认为分子水平的突变并不会引起环境的反应。

与生物类似，很多大幅度的组织变革都是由一系列微小的决策累积而成的。组织在做出适应性选择的时候，往往不能立即判定这个选择对于组织的作用。只有在多个类似选择积累起来产生更大作用的时候，才有可能判定这些选择对于组织是否有用。因此在组织层面上，如何为中性突变提供机会和可能性，并释放经验作为“好老师”的价值，就成为组织克服僵化并成功推进变革需要思考的问题。

组织记忆与中性思维的组合如图 5－1 所示。

	无中性突变 （适应性搜寻）	中性突变 （中性搜寻）
无记忆	(Q1) 陷阱	(Q2) 高成本进化
有记忆	(Q3) 受陷阱限制的进化	(Q4) 进化

图 5－1　组织记忆与中性思维决策组合

资料来源：Jain 等（2014）。

图 5－1 中将组织的决策分为四类，并且详细分析了四种类型的优劣。

Q1：无记忆的适应性选择。这种情况下没有既有经验的作用，只有当到达新位置时可以得到回报，组织才会移动到新的位置。这种对有益性的判断是很迅速的，而且只选择当前即可获得更高收益的选项，而不考察短期下降背后可能存在的长期上升。但是，这样会导致陷入局部最优的解决方案的陷阱中。通俗地讲，就是做出为了切切实实抓到“芝麻”的选择，有可能因此而实实在在丢了“西瓜”。结果，局部最优的追求打乱了全局的追求。

Q2：无记忆的纯中性突变。无记忆的突变完全不受组织之前经验的限制。但是，无记忆意味着当突变被证实是无益时，组织往往只能从头开始，而不能根据突变路径回溯至选择节点。这种类型所需时间不定，成本可能较高。简单来讲，就是组织变革过程中缺乏对既有经验的沉淀，往往遇到困难之后就回到了起始点。

Q3：有记忆的适应性选择。如果在一个点陷入陷阱，可以根据记忆进行回溯，找到可以改变选择的节点。但是，这一方法只有在陷入陷阱时才有用，而且这一方法不管如何选择都是受到组织记忆限制的。或者说，组织记忆限制了变革可以选择的范围。

Q4：有记忆的中性突变。单独依靠记忆或单独依靠中性搜索，都是低效率的。只有在组织记忆的框架内允许中性突变的存在，才可以在无路可走时沿记忆进行回溯，既将时间和成本限定在了一定范围内，又能够保持中性突变带来的创造力。

无疑，在实践中的决策选择是我们需要将组织记忆和中性思维进行有机的结合，保持对未来决策的主动性和持续选择的空间，将变革推向前进。可以说，中性思维将大大提升组织本身的弹性，克服在组织变革过程中遇到的僵化问题。

向前看与向后看

没有单纯的记忆和单纯的中性，现实中需要将两者相结合。中性思维是向前看的一种思维，是一种持续变革的力量；而记忆是向后看的一种思维，注重曾经积累的经验，在过去的日子里面向前看。无疑，中性思维能够拓展变革的空间，为既有经验和能力的完善提供空间。同时，组织记忆又能够保证遇到困难和挫折的时候，不会全盘否定、回到原点。实际上，微观层面的中性突变为引入新知识和新经验提供了可能，也为跳出“能力锁定”提供了可能。

超越成败：拓展选择空间。人类惯常的决策逻辑就是下一次选择的收益一定要大于起点的收益，然后才开始行动。如果实践中下一次选择的结果低于起点收益，要么停滞不前，要么就退回起点，结果就丧失了对未来的选择权，而对收益的判断又大多来自既有的经验。中性思维则是对决策或者选择的现状不做出成功或失败（有利或有害）的即时判断，只是给予一个中性突变的边界（或底线），在边界内可以做出随机的选择。如果只是在既有经验的空间中做出选择，选择的空间是非常有限的。换句话讲，大企业通常只能从成功走向成功，而成功又不会给企业提供学习的机会。中性思维的核心恰恰是在快速变化的环境下为企业决策提供了更广阔的选择空间，驱动变革持续前行。

微观切入。中性理论作为分子生物学的发现，恰恰为我们提供了从微观层面切入的理论启示，就是促进在微观组织层面的中性突变，进而促进宏观层面演进，最终表现出来自然选择的结果。因为对自然选择结果，或者说宏观层面结果的解释，多少有些“事后诸葛亮”的味道，我们常说“三思而后行”，但是“行后而三思”同样重要，而微观层面的“行”，作为自下而上的力量，成为“三思”的现实基础，否则“三思”就多少有点“空想”的意思了。管理学除了强调逻辑之外，更为重要的还有现实行为的选择、验证和对特定情境的适应——“行为知之始，知为行之成”。

从“能力锁定”到“动态能力”。例如，前面提到海尔的雷神游戏本“小微”是三个“85后”年轻人创立的，在海尔的大盘子里它是非常小的，按照传统的决策标准，它是很难诞生和存在的，但海尔的平台给这类“小微”提供了创业成长的机会，而不是对它们进行“经验性扼杀”，给予它们一个中性突变的空间、一个选择的空间、一个新知识和既有经验可以交互的空间。事实上，正是在这种向前看和向后看结合的过程中，在新知识和既有经验的交互过程中，最终产生了新行为和新惯例，并累积成新知识，从而表现为新能力的形成。一系列新的行动和做法得以持续涌现，并不断改进和完善。无疑，中性思维为企业跳出“能力锁定”、形成“动态能力”提供了空间。

第二节 持续选择权

不犯错哲学

在大企业中通常弥漫着“不求有功，但求无过”的氛围，只要我在岗位上坚持不犯错，做得不比别人差，就能够最后胜出。实际上，这已成为金字塔形组织中很多人的决策行动准则。在做决策的时候，第一原则是风险最小，不能够出差错，第二才是用户价值以及其他方面的因素。自然，凡事“唯上”是最佳选择，就是领导下什么命令，我就按照命令做，出了错也是领导的。真正的“唯用户”、为用户创造价值，早已经抛在九霄云外了。可以说，这样的大企业组织就像一部精密运转的机器，虽在运转，但它天生就是风险的厌恶者，只需要按部就班就可以了。身处一线的员工或团队发现了机会并想要捕捉机会的时候，这种“不犯错哲学”往往会把这些稍纵即逝的机会给抹杀掉。一边是冒险，不按部就班，但有可能出错；另一边是按部就班，出了错也是上级的。自然，大家都会按照“不犯错哲学”来行事。

“不犯错哲学”的本质是主动交出了对未来的选择权。我不选择，等着领导或上级拍板就是了，凡事等着下命令。人单合一管理实践非常重要的一点就是从“以企业为中心”向“以用户为中心”的转变，预示着企业业务流程和资源配置机制都会发生颠覆性的变化，而这些管理中心的变化从来都不是一蹴而就的，都是靠一点一滴的行动积累而逐步完成的。换句话讲，就是靠无数次的持续选择才能逐步完成，才能够逐步缩短同用户的距离，最终实现与用户零距离，完成企业管理中心的转变。

空挡陷阱：旧经验做新事。自然，如果靠“不犯错哲学”主动交出选择权，只有可能是用旧经验做新事，出现行动停滞甚至倒退的现象。就像汽车挂在了空挡上，汽车只能依靠原有的惯性行驶，企业则是按照旧惯例来行事。在业务流程和资源配置机制上并没有向同用户零距离来转变，进入空挡的陷阱之中，旧经验无法驱动新事。就如同空挡时，主动部分和从动部分是分离的一样，似乎听着发动机也在轰轰作响，但就是不见车速的提升，一旦遇到一些阻碍就会停止。我们经常会用青铜器时代的知识，去解决互联网时代的问题。这里不是说青铜器时代的知识就一无是处，关键是知识本身是流动的，我们必须能够清晰地认识到变化与不变所在，跟上知识流，而不是故步自封，陷入空挡陷阱。

领导能解决空挡陷阱吗

在面对空挡陷阱时，我们想依靠领导推动就可以解决这个问题，但现实远没有这么简单。经常会出现换了一个领导解决不了，就换一个新领导，不行再换，结果还是解决不了。最终，大家会发现一个有趣且普遍存在的现象，一件事管理过的领导越多，结果越不好，似乎领导的管理是无效的。

为什么会出现这种普遍存在的现象？真的是管理无效了吗？事实上，不是管理无效，而是过度管理无效。一个领导不行，换一个新的领导，新的领导就会管得更加细致，再换一个，结果是比前任管理得还细致。因为，在“不犯错哲学”作用下，无形之中会认为加强管理会避免错误的发生，一不小心我们就进入了过度管理的迷局。管理会变得越来越严格，似乎做到越严格、越细致就成为管理工作的主要内容，结果处于一线的团队或员工的选择权反而会越来越少。然而现实却是，一方面要面对外部环境的不确定性做出快速响应；另一方面是事无巨细的管理和对变化响应的迟缓。结果自然是，虽然换了领导，但这种过度管理的方式依然无法使组织跳出空挡陷阱。甚至会出现一些新的行为异化，一线团队或成员事必问领导、请示领导，表面上是服从领导、认真及时反馈信息和严格贯彻执行。实际上，在一定程度上是将领导"放在烈火上烤"，领导自己首先为了不犯错，也就不愿意去承担风险，很难做出有效的决策。而且从心理上讲，既然前任都没有干好，我只要不比他更差就好了，结果也就可想而知了。

我们发现，在"不犯错哲学"下，仅依靠领导显然是无法解决空挡问题的。尤其是面对创新性的工作，不是按部就班来解决问题的时候。这时，保持一线员工或团队的持续选择权就尤为重要。换句话讲，真正激发他们的潜力才是关键。明茨伯格在《管理至简》中也发出同样的感叹，"特别在大型组织和那些与'知识工作'相关的组织中，管理者必须能够激发别人的最佳状态。这样他们才能更好地了解情况，更好地决策和行动"。虽然明茨伯格教授提出了问题，但对于如何激发最佳状态，也是语焉不详。

拓展中性突变的空间。实践中，只有给一线团队或成员中性突变的空间，从微观层面切入，以真实行动来打破既有的成败和对错观，真正将决策权、分配权和用人权等权利进行让渡，让他们勇于、敢于、善于进行持续选择，才有可能将这些创新性的工作持续推进下去。自然，这时"不犯错哲学"就要给中性思维让出空间，让他们拥有持续选择的权利，让行动能够继续。此时，领导的角色或管理的作用已经发生了变化，并集中表现在两个方面：一是保证行动有足够的中性突变空间——权利让渡与资源支持；二是设置和保证基本的底线不被突破——必要的监督。恰恰是中性突变空间的存在，一线团队或成员的持续选择，才为组织在宏观层面的自然选择提供了可能，这样领导才有可能让组织走出能力陷阱。

心智地图：在群山中持续前行

超越“J”形曲线。人单合一管理实践是一个长期、持续的过程，是许许多多、持续不断“微创新”、“微变革”的结果，在向终极目标——“同用户零距离”迈进的过程中，涉及价值观、组织结构、业务流程和资源配置机制四个方面的变革。在理论上通常将变革比喻为从峰顶到谷底，再从谷底到新峰顶的过程，看起来就像“J”形曲线。这时企业需要关注曲线底部的深度和长度，准备足够的资源，具有相当的勇气来承受这个深度和长度。因为企业变革需要经历“破立”转换的过程，尤其在旧的部分已破而新的部分没有建立的时候，就会遭受到“J”形曲线底部深度和长度的挑战，前者意味着业绩下降的幅度，后者意味着底部停留的时间。现实中，很多企业变革就永远停留在了“J”形曲线的底部，这同样也是海尔将面对的问题。

但海尔面对的现实远比“J”形曲线刻画的场景要复杂得多。况且对于海尔这样以“变”为“不变”追求的企业，怎是这样的“线性”场景能够描述的。现实中，海尔的变革更像在群山中的不断攀登，始终不变的是海尔总能够向前攀登，向着人单合一的目标努力。群山中不止一个峰顶，也不止一个谷底，地形地貌随时在变，时而的上升可能迎来更深的下降，时而的下降又会迎来更高的攀升。有时处于谷底，看不到远方的出路，甚至会感到恐惧，但是恐惧也不能止步，“同用户零距离”就是远方的曙光，就是努力的方向，企业所能够做的就是保持向前的能力，保持对未来的主动选择权。

换句话讲，我们需要的不是一次跳出“能力锁定”，而是需要持续地跳出“能力锁定”，能够进行持续选择，真正具备与环境相适应的动态能力。“动态能力”这个概念，多少有点抽象。通俗地讲，就是具有能够持续转危为机、化险为夷的能力，能够将事故变成“故事”的能力。

中性思维：保持持续选择权

培育中性思维。达尔文的自然选择理论对自然界的长期选择结果做出了解释，但这个长期的过程是由无数个短期决策所构成的。在面对短期决策和更微观层面的决策（如生物领域的分子水平）时，自然选择理论就力不从心了。中性理论为人们认识微观短期决策提供了新视野，因为在分子水平上发生的突变多半是中性的，这一启示使我们超越了成败、利害观念束缚可能带来的行动停滞。“中性”乍一看多少有点保守、中庸的意思，但恰恰是超越成败、利害的简单“一分为二”的思维方法拓展了我们决策和行动的空间，使我们持续选择成为可能，使变革能够持续前行。再回到管理实践中，我们如何在分子水平上活化我们的组织呢？或者说，如何在分子水平上提升中性突变的能力呢？

思维落地：寻找中性突变的空间和载体。在群山中前行的心智地图，不仅需要在领导层面映射，在行动上能够为中性突变提供空间，还要映射到一线团队或员工的心中，让他们能够快速开展中性突变的行动，在行动中进行加速学习，以学习的速度战胜环境变化的速度，加速新知识在组织中的积累和新能力的形成。中性突变的载体以何种形式存在？在人单合一管理实践中，海尔尝试了从自主经营体、利共体到“小微”的组织载体形式，就是让“小微”能够持续做出选择，具备动态能力，而不仅是接受命令的执行能力。

超越“二分法”的“一分为三”总是丰富多彩、超乎想象的。面对海尔变革过程中涌现出来的雷神、有住网、巨商汇等“小微”案例，它们在整个组织中可以作为一个个分子，不断出现让人意想不到的行动，让原来认为几乎不可能的事情成为可能。雷神盯住以前不受重视的游戏人群，对游戏本做出了定义，成为行业领军品牌，并正在进行游戏生态圈的构建；有住网绝处逢生，创造性地利用海尔平台资源，成为互联网装修行业的开创者，并正在从家装入口切入，构建着大家居的生态圈；巨商汇向分销成本高、效率低、管理难度大发起挑战，让天下老板不再难当，创造着产业互联网的新商业模式。

专栏：有住网的中性突变

2015年7月19日下午13:03，有住网百变加V1.3产品正式预约，历时1小时28分，3000套产品销售一空，销售额轻松突破2亿元，并首创先交全款再施工的行业交易新准则。用户的热烈反响已引起了风投基金对有住网的追捧。目前，有住网已完成A轮融资，企业投后估值达到5亿元。

有住网是海尔家居平台上的“小微”，其最大特点是用“互联网+工业化”的思维颠覆了传统家装行业。传统家装行业历来价格不透明、烦心事多。针对这些痛点，有住网一方面以互联网为媒介去寻找用户，并结合线下活动，让用户体验产品；另一方面通过降低产品成本，结合大规模工业化生产，将产品销售价格降至599元/平方米。

有住网和海尔家居都是在海尔“体外孵化”产生的，既同海尔有联系，又同海尔没有直接的管理关系。所谓的联系就是可以利用海尔资源，但又是自主运营，完全具有决策权、分配权和用人权，干得好就存在，干不好就自动解散。2015年，海尔家居的营业额能做到60亿元，2016年，预计要超过100亿元。

但一年前的情况远非如此。海尔家居平台主刘斥说：“2014年7月，由于没有看到海尔家居预期的效果，集团又在推进创业机制，海尔家居被整建制解约，包括我在内的400多人全部离开海尔，我们当时能带走的唯一资源就是‘海尔’这个品牌。作为集团给家居的‘底线’，‘海尔’品牌的使用期限是2~3年。”这就是当时的场景，以前还有集团管，现在自己管了。

有住网同海尔家居的关系与海尔家居同集团的关系类似。有住网是由杨铁男、李丕等几个年轻人自己出资创立的，在公司名称和业务上几乎看不出同海尔的联系，海尔家居只是提供平台资源，包括品牌供应商、物流等资源，具体经营完全由团队自主管理。为了创业，杨铁男他们拿出了自己的积蓄，抵押上了房子，终于走到了今天。以前是雇佣者、执行者，现在是创业者、合伙人。

用刘斥的话讲："以前我是领导，现在'小微'就是我的领导，我就是个服务人员。现在哪怕是我对哪个'小微'成员有意见也是自己先憋着，不会去横加干涉。例如，有住网杨铁男的团队，我开始始终认为某一个成员不行，结果现在这个人已经成为有住网的核心骨干。原来都是上面定好进军哪个产业的战略，下面的人再去执行，现在，我们这边几个'小微'都是创客自己提出来的。"

有住网的突变还在继续。我们不能用是否成功来衡量，但他们在持续主动选择着未来。从产品价格上，我们看不出有住网有太多盈利，但有住网是一个多边平台，多方资源都可以接入，各种资源可以协同共享、共创共赢。

大家试想一下，有住网采取先交钱后施工的收费模式，每套房子以45天周期算，就会沉淀下来几亿元的资金，这就有了金融增值的可能。另外，装修后期还有软装、家电、家具和家饰等方面的消费需求。虽然有住网提供装修产品，但围绕"家"的概念，有住网又是一个连接用户、拥有"口碑"的家庭消费入口，一个家庭消费的生态圈就展现在我们眼前了。

第三节 动态能力

我们经常讲的动态能力，在理论层面包括三种能力要素：一是对机会威胁的感知与塑造；二是对机会的把握和对威胁的回应；三是对资产的重新配置和调整

（Teece，2007）。其实，这就是企业对外部环境变化不断适应的能力。前面我们谈到的中性思维，就是强调企业能够不断拓展变革的空间，打破能力锁定，对快速变化的环境做出快速响应，保持持续选择权，不断形成新能力。简言之，中性思维让动态能力成为可能。

在人单合一管理实践中，作为微观组织的“小微”，不断进行着中性突变，快速感知机会、抓住机会、完成能力的调整。“感知—抓住—调整”已经成为海尔“小微”的基本行动框架。

感知：“问题”就是机会

前面我们介绍过雷神游戏本“小微”的案例，看到了他们在短短一年多的时间里取得的成绩，但成绩背后是出现问题、解决问题的过程。用他们的话讲，是一次次把“事故”变成了“故事”。面对问题的出现，他们从没有退缩过，而是以用户之心让用户放心，将问题视为机会。

平台主的中性思维。2013年9月，海尔笔记本电脑部的三名“85后”普通员工，通过对网上相关的3万多条差评的挖掘和整理，产生了开发一款游戏笔记本的创业想法。于是，他们就怀着忐忑的心情找到了平台主周兆林。看着傻大黑笨的游戏本样机，完全背离笔记本轻薄的行业发展趋势，周兆林心里开始打鼓，这几个“小孩”要搞创业“小微”行吗？但他没有立即反对，而是让他们先去试试。

“如果这件事放在以前，我就直接给毙了，”事后周兆林说，“但集团倡导员工创客化，鼓励创业‘小微’发展，我也没敢直接反对，给他们拍死，因为我的任务现在是为创业提供支持和指导”。正是在这种创客文化的氛围下，三个年轻人获得了尝试的机会，在接下来一年的时间，创造销售产值2.4亿元，跃居京东游戏本第二品牌，单型机销售第一。“小微”成员李艳兵在回忆“小微”初建时讲，当时他们心里也没底，根本没有想到能够成功，但看到集团这么好的政策，为什么不自己试试呢，尝试断掉老路，走一回新路试试。

试想如果周兆林按照已有的经验做出决策，就不会有今天的雷神了。恰恰是中性思维给了雷神得以生存的空间。事实上，中性思维也不是今天开个会，明天就会有的事情。它是在海尔创客文化的氛围下，在活力“场”下，潜移默化般逐步形成的。当问及周兆林何为创客文化时，他说：“不自以为是，而是自以为非，还有马上付诸行动，就是对创客文化最直白的表述。”

专栏：创业平台——雷神成长的沃土

雷神孵化的三个阶段

第一阶段，内部孵化。电脑创业平台的创业项目要经历三个阶段的孵化过程，每个过程都有着标志性的节点，而每个节点实际上就是一个“抢”或“赛”的机制。雷神项目，就是在电脑创业平台的众多创意中“赛”出来的。创意能否进入孵化程序，取决于FU的路演。如果在路演PK中输给了其他的创意，那么这个项目是无法落地实施的。通过路演的项目，才算正式进入了第一个阶段——内部孵化阶段。

在内部孵化阶段，电脑平台为创业团队提供超利分享的激励措施，团队中每个人的命运都与项目息息相关。同时，创业平台为“小微”提供了一系列的资源支持，帮助他们将精力集中于做好产品、做大粉丝上。一旦产品获得成功，在粉丝数量上出现拐点，“小微”就进入了下一个孵化阶段——内部独立运营阶段。应该说，在这个阶段，判断机制主要是在于“小微”有没有成功“抢入”市场、“抢”到粉丝。

第二阶段，内部独立运营。在内部独立运营阶段，在财务上“小微”更加独立，自主程度更高。同时，团队成员也被要求对创业项目进行跟投，并以一系列的分红机制进行约束。这种做法保证了创业人员对项目的高承诺和注意力的集中。

第三阶段，导入VC/PE。当“小微”进一步发展，能够“抢”来外部VC或PE的投资时，这个“小微”就进入了最后一个孵化阶段。此时，已经具备完全独立运营能力的“小微”将根据其与整个集团的战略契合程度决定去留。

这种孵化创新的机制，在对“小微”提供全方位支持的同时，完整地接驳了市场选择的淘汰机制。“抢”和“赛”的过程保证了创意的高质量和可行性，在保证好的创意获得足够资源的同时提供了精确筛选。能够从这一孵化过程中脱颖而出的“小微”，无论规模大小，对产品、用户和市场都具有清晰的认识，同时拥有完整的创业与运营能力。

开放式的创业平台

电脑创业平台不是一个仅整合了海尔内部资源的封闭体系，而是一个开放的创业生态圈。创业平台通过接入各种与创业相关的优质资源，为创业“小微”提供完善的创业服务和支持。创业“小微”的关注重心是产品，核心能力往往也是在产品开发和用户交互方面，其他的创业能力往往有所缺失。

创业平台通过引入资源，为创业“小微”补足能力，如FU为雷神提供搭建官网和财务指导服务。同时，创业平台利用海尔品牌的信誉度与号召力，为创业“小微”接入一流的上下游伙伴，使得创业“小微”可以在加高水平上发力，不会因为规模小而夭折，使得参天大树下也可以长出新苗。

电脑创业平台还为创业“小微”接入了业内最顶尖的创业者、投资人和学者作为导师，为“小微”出谋划策、指引方向。

一路走来，一路“坑”。从无到有，从小到大，雷神的成长过程也不是一帆风顺的，雷神前进的路上布满了大大小小的“坑”。在第一批机器出来之后，Logo还没有出来，怎么办？机器屏幕显示器已经超过国标，但游戏用户就是不能容忍“亮点”，怎么办？春运物流跟不上，雷神又已经做出承诺，怎么办？还有前面提到的，开放公测骑虎难下，以及近期发生的竞争对手粉丝圈灌水，这些问题都没有现成可以借鉴的经验和答案。一不小心或者是稍一迟疑，就不是平台主

“拍死”了，而是真的“要死”了。帮助雷神化险为夷的是彻底舍弃传统制造商思维的雷神团队对粉丝的高度关注和快速响应，是一切为了用户体验与产品口碑的信念。

抓住：在战争中学习战争

平台主的中性思维让雷神得以出世，但出世之后还将面对诸多问题，这就需要“小微”也具备中性思维，面对问题、解决问题，迈过这一路的“坑”，且行且学，且学且行。

Logo 变徽章。第一批雷神游戏本出厂时间落后于计划，原本设计中的 A 面立体 Logo 来不及粘贴。雷神团队决定放弃粘贴 Logo 的设计方案，将雷神标志作为徽章随笔记本一起发货。这本是应对危机的无奈之举，用户反响却异常热烈。很多用户没有将徽章贴在 Logo 的位置，而是贴在了自己的车上，甚至收藏了起来。将 Logo 变成徽章，既使用户获得了 DIY 的乐趣和表现个性的机会，也增强了对雷神这一标志的认同。这一危机，本来有可能坐实“雷神游戏本是山寨货”的偏见，结果却变成了增强用户认同与黏性的创意活动。从此，单独附赠的徽章成为雷神产品的一个标志。

亮点的救赎。第一批雷神笔记本用户反映屏幕出现亮点问题。国家的相关标准是一块液晶屏存在三个以下的亮点不属于质量问题，不必退换。雷神产品的亮点问题没有超过国家的标准。其他笔记本厂商同样面临亮点问题，行业普遍做法是低调处理。但是用户对这一问题的重视程度超出预料，通过用户交互得出的主要原因是亮点问题严重影响使用体验，这促使雷神团队重新思考这一问题。

首先，雷神为所有出现亮点问题的用户提供解决方案，可以选择换屏或现金补偿。更换屏幕的成本在 1300 元左右，外加人工成本和管理成本，雷神为用户提供完全免费的上门更换服务。其次，雷神在粉丝中发起投票：为保证 100% 无亮点的完美屏幕，需要在组装流程中加入人工检验，这将导致每台游戏本成本上升 300 元左右，是选择加价还是保持现有检验标准，保留一定亮点比例？绝大多数用户选择了完美屏幕方案。雷神笔记本自此做出 100% 完美屏承诺，保证杜绝亮点问题。就这样，雷神化解了质量危机，并为自己树立了重视产品体验和用户意见的形象。

一天，雷神“小微”成员李欣告诉海尔电脑客服说是雷神用户来到园区了，就在楼下。结果这边电话还没有讲完，客服就挂了电话，带着现金就急匆匆赶来。一见面就满嘴抱歉，问有什么问题。他以为是用户来投诉了，这在海尔绝对算是个“大事”，是要受处罚的。实际情况是，这个用户感觉在亮点问题上雷神很为用户着想，刚好家在青岛，春节回家，就想顺便来看看雷神这些人。刚才的一幕，完全是闹了一个小误会。实际上，雷神和用户已经成为朋友了。客服说，以前用户来园区基本都是投诉的，所以就急忙赶来，没想到这次是朋友来访。

雷神遭遇春运。2014 年 1 月 15 日发售的第二批雷神笔记本，发货时间正值春运期间，物流运输速度受到影响，造成迟滞。有一名用户为了等待收货，不得不一再改签，最终只买到了 1 月 22 日的火车站票。雷神团队得知后自己掏腰包，为他购买了回家的飞机票，让他和他的雷神笔记本一起回家过年。这一事件在粉丝圈中迅速扩散，雷神获得了粉丝一致的认同与赞扬，用户对雷神团队身份的认识也逐渐从产品生产商开始向朋友转变。试想，如果还是按照原来的做法，会有这么热烈的反响吗？

这三个“坑”仅是雷神创立不到一个月就遭遇到的。迈过这三个“坑”的雷神，获得了“神级服务”的美誉。“神级”的背后是雷神对用户的全面关心与关注，是从用户角度出发、用户全程参与产品决策的机制，而这些都是雷神的新行动所沉淀下来的新经验和新能力。但是，雷神团队丝毫不敢把这些新经验当作成绩、视为成功，因为新的问题又出现，而仅依靠取得新经验是不够的。雷神团队成员李宁说："我们真的不敢拿所谓的经验说事，只是做到去努力解决新问题，适应能力才是最重要的，在战争中不断学习战争吧。"

随着销量的增加，雷神的用户也在快速增长。2014 年 3 月 8 日，雷神粉丝会在北京举行，粉丝与"雷公"、"护法"同台游戏，面对面交流，线上互动与线下互动首次实现对接。4 月，雷神与腾讯旗下游戏 DNF（地下城与勇士）进行合作推广，平台的联合行动带来了关注度的激增，雷神的微信交互用户数量迅速突破 15 万人。

调整：改变能力的能力

在不断解决问题、满足需求的活动中，雷神打造了"雷电速度，神级服务"的口碑。口碑的传播为雷神带来了更多的用户，也对雷神提出了更高的要求。做出一款一流的产品，快逅解决用户的问题，已经不能满足用户和雷神自身的需求。要想百尺竿头更进一步，需要的是改变能力的能力。

为了做出更高水平的产品，雷神跨越组织边界搜寻信息，吸收并转化为自身的知识。在第五代产品雷神 911 游戏本的公测活动中，除了与供应商、代工厂共同设计、开发产品，雷神还邀请了贴吧、论坛中的"大神"们，对样机进行测试，并根据他们的意见对产品设计进行了重大调整。最终大卖的雷神 911，是雷神聚集了极客、供应商和代工厂共同创造出来的。李艳兵说，通过公测，他们明白了什么才是真正的游戏本。更重要的是，通过公测活动，雷神学到了如何超越组织边界去吸收知识、进行学习，以及如何联合用户与供应商共同创造价值的能力。雷神"小微"的能力演进如表 5－1 所示。

表5－1 雷神“小微”的能力演进

产品迭代	产品名称	解决的问题	资　源	能　力
第一代	G150SA	用户对游戏笔记本的痛点是什么	Intel、NVIDIA、蓝天等供应链资源，以及京东等渠道资源	通过交互发现用户需求的能力
第二代	G150TB G150TC	“屏幕亮点”、物流遭遇春运等问题		快速反应满足用户需求的能力
第三代	G150P G170P	通过交互提升产品性能		用户交互能力进一步提升，粉丝群体的治理体系成形
第四代	G150T			
第五代	911E系列 911T系列	什么是“真正的游戏笔记本”	新的供应链资源；开放公测	吸收、转化、利用外部知识的能力 整合各方合作共创的能力
第六代	911M系列	战略目标是什么，如何实现	通过两轮融资引入社会资本；通过投资方，引入跨行业软件资源	对趋势的判断和战略决策能力 软硬结合的能力

软硬结合初形成。虽然通过911系列，雷神走通了合作共创的道路，但与大部分硬件资源方之间依然是以买卖关系为主。在与外部资本方建立起联系之后，雷神找到了能够进行跨界合作的资源。例如，武汉盛天网络与雷神有着共同的投资方，基于此，双方建立联系，并计划合作开发一款软件产品。盛天网络旗下的“易乐游”产品，其核心技术能够降低游戏下载时间，并提升启动速度。盛天网络拥有4万多家网吧用户，而雷神拥有20万个人用户，双方能够互相提供新的市场机会和进入途径。对于雷神来说，既获得了利用软件开发资源和能力的机会，又获得了通过软硬件结合提升游戏体验的新知识。

战略能力的突破。以游戏本为平台，是扩大业务领域，还是在垂直领域深耕细作？受限于当时的能力、知识和资源，雷神在战略目标的选择上不甚清晰。随着自身的发展和投资方的进入，雷神与更多的外部资源建立起联系，也从企业内外吸收到更多知识。在与资源方、资本方的交互中，雷神明确了“构建一站式游戏生态”的战略目标，逐步形成洞察趋势、制定战略的能力。

本章结论

转型是新能力形成的过程。在这个过程中，经验既是一个“好老师”，又是一个“坏老师”。既有的经验可能对我们的转型实践提供指导，但在外部环境变化的情况下，由于害怕失败，更有用旧经验看待新事物，让我们掉入转型空档的陷阱而止步不前，丧失对未来的选择权。

转型是在群山中持续前行。转型过程中会经历无数次从峰顶到峰谷的转换，这就需要我们能够持续前行，不断攀登。中性思维可以帮助我们“向前看”，为中性突变拓展空间，不断涌现出新行动，超越成败、利害简单的“一分为二”的思维方法，保持转型过程中持续的选择权。

新能力源于新行动。“小微”是新行动的重要载体，它们不断感知机会、抓住机会，完成能力的调整。

第六章 合一的组织：平台型组织

转型中如何突破层级组织结构束缚？

组织转型如何推进？

自组织机制是什么？

第一节 零距离组织

打破层级组织束缚

面向上级还是用户。看一个组织，我们通常会看它的报告体系，就是向谁汇报。在很多口口声声以用户为中心的组织中，依然是向上级领导汇报，对上级领导负责，让上级满意，而不是直接倾听用户的声音，感受用户的体验，向用户负责。上级是各种行为的裁判，用户和企业之间存在着巨大的距离。人单合一管理实践非常重要的一点就是对组织的探索，就是要消除用户与企业之间存在的巨大距离，构建真正同用户零距离的组织。从狭义上讲，就是云除各种障碍，在员工和用户之间建立最直接的连接；从广义上讲，就是超越员工的边界，在利益相关方资源和用户之间架起最直接的桥梁。但海尔现实的起点正是传统的金字塔形层级组织，它不仅规模巨大，产品和服务种类多，而且业务流程也非常规范和复杂。

在人单合一管理实践之前，海尔已经具有非常强的“以用户为中心”的观念，包括大家熟知的“砸冰箱”、“星级服务”、“地瓜洗衣机”等，都无不反映了这一点，也确实在当时的条件下赢得了用户。但面对用户选择权的加速扩大，金字塔形层级组织结构的束缚更加明显，组织面对用户响应的迟缓和僵化更加突出。简单来说，企业的各种行动必须要跟上用户点击鼠标的速度，否则将会被淘汰。

摆脱金字塔形层级组织结构的束缚。在规模经济背景下，层级组织结构具有纪律性强、精准和高效的特点，符合大规模生产的要求。“十几级”的层级在传统企业中并不稀奇，但在互联网时代，面对用户个性化、碎片化和快速变化的需求，用户信息层层上传，然后再层层下达，这样的决策和资源配置速度已经无法赶上用户需求变化的速度。更不用说由于层层传递的信息损耗所导致的决策失误和命令失真，以及层级之间博弈的问题。

除了响应速度慢之外，层级组织中的一线员工往往只是执行上级命令的工具和手段，员工的自主性也受到极大的约束。结果，最能感知用户温度的人是最没有自主权的，“唯命是从”、“唯指标而动”成为了员工行为的最佳选择。因此，打破层级结构对组织行为和员工行为的束缚，打破组织僵化，进行组织结构上的颠覆，就成为人单合一管理实践的题中应有之义。组织是人单合一的载体，而这个载体只有在结构上能够消除人和单之间的距离，才能保证合一双赢的实现。

突破四大距离。要做到同用户零距离，至少需要突破四大距离，即同经销商的距离、同供应商的距离、部门之间的距离和上下级之间的距离。前两者是企业外部的距离，后两者则是企业内部的距离。无疑，克服内外距离就成为海尔推进组织变革的事实基础。用海尔的话说，就是“外去中间商，内除隔热墙”。如何来实现?现在还没有现成的答案。

建立资源同用户最直接的连接

架构快速配置资源的平台。海尔的组织变革不是简单的扁平化、跨部门和跨层级通道的建立、矩阵式的架构以及部门的新设，变革的核心是在一流资源和用户之间架构起快速配置资源的平台，释放平台的同边和跨边网络效应（见图6－1）。互联网时代，企业组织就是利益相关方资源和用户之间的双向交互平台，否则，企业组织将失去存在的价值。对于海尔而言，这是一场没有现成参照物的变革，是一场对原有组织结构完全颠覆式的变革，更是一场传统层级管理观念的变革。记得2013年年初，在加里·哈默尔（Gary Hamel）教授来海尔调研时，笔者曾问过他海尔组织变革最大的特点是什么，他列举了有关全食超市（Whole Foods Market）、戈尔（Gore）、墨西哥水泥（CEMEX）等企业组织变革的探索，认为海尔变革的规模更大、更复杂，将是一场激动人心的探索。

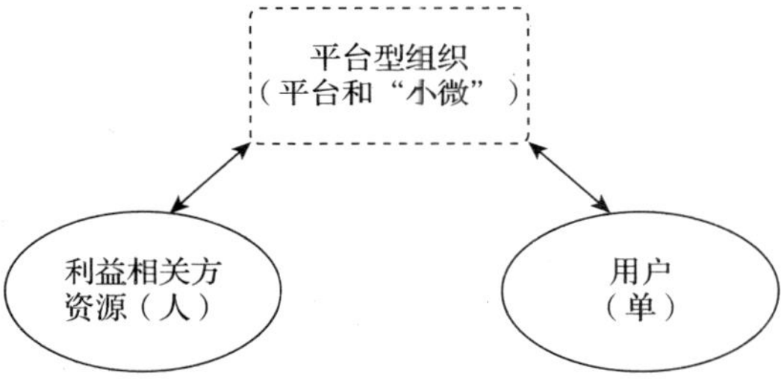

图6－1 平台型组织

用户侧网络效应。第一步：从"失联"到"连接"。对于大多数企业来说，有产品、有市场，但是没有可以看得见、连得上、听得到的用户群，或者说，用户基本上是处于"失联"状态的，这就是我们同用户的距离。平台型组织的目标就是要建立这种直接的联系，在平台和用户之间形成连接的纽带，用户可以汇集到平台上，并进行彼此之间的连接和分享。第二步：从"连接"到"持续交互"。用户在这里因兴趣、生活方式、特定需求等成为不同的群体，这些划分并不是由我们事先"贴标签"来完成的，而是逐步汇集涌现出来的。第三步：共治。比如，雷神连接的是有打游戏爱好的群体，智慧烤箱连接的是"吃货"的群体等。在这些群体中，用户相互分享经验，互助解决问题，形成群体的共治，并且随着加入人数的增加，其网络效应也更加明显，呈指数级增长，这就是我们所说的"梅特卡夫定律"——网络的价值等于网络节点数的平方，网络的价值与联网的用户数的平方成正比。

资源侧网络效应。同样，当今的产业已经走过了单打独斗的时代，更多的是种群之间的竞争，或者说是打群架的时代。典型的例子有，移动通信芯片市场上“ARM”联盟同“Wintel”联盟的竞争、安卓同苹果系统之间的竞争等。实质上，就是超越惯用的一体化获得竞争优势的做法，有效促进资源之间互补效应的释放，形成共生的商业生态圈。同样，当资源网络达到一定程度，在这个生态圈中的不同资源相互连接，就会产生意想不到的结果。在海尔“U +”平台上就汇集了软件、硬件和内容等各种资源，这些资源进行着连接和整合，为用户的智慧生活提供了强有力的支撑。

用户侧和资源侧的跨边效应。通俗地讲，就是用户数量的增加带来资源数量的增加，资源数量的增加又会带来用户数量的进一步增加。用海尔的话说，就是“人单酬”的正循环，“酬”是“人”和“单”之间联系的报偿机制。例如，雷神“小微”具有了过百万级的精准用户群之后，除了从游戏本到外设的扩展，在硬件资源上也不断丰富，又吸引来很多游戏软件资源，包括页游、端游等。这时，软硬件资源又可以相互结合，为用户带来意想不到的游戏体验。基于用户体验的升级，又进一步扩大了用户群，这就是我们所说的跨边效应。

事实上，只有同边和跨边这两种效应的有效释放，我们才能够说平台型组织有效发挥了作用，资源的组织方式才真正实现了创新。以上主要谈的是海尔平台型组织的基本架构，但在实践中，这种架构如何实现呢？或者更进一步说，这种平台型组织架构的主体和关系是什么？

平台型组织的主体、角色和关系

两类主体：平台和“小微”。2013 年，“小微”组织形式就出现了。海尔平台型组织由平台和“小微”构成，有平台主、“小微”主和“小微”成员三类角色。

通俗地讲，在海尔只有这三种人。“小微”成为为用户负责的独立运营主体，只有为用户创造价值才能获得报酬，充分享有决策权、用人权和分配权。换句话说，“小微”是快速配置资源的主体。“小微’和平台之间是“市场结算”关系，平台报酬源自“小微”，平台的作用是为“小微”提供资源的支撑。其中，对赌机制就是两者之间进行事前协同的主要机制。简单来讲，平台和“小微”之间是服务与被服务的关系，是由用户直接驱动的资源配置机制，而不是金字塔形层级组织结构中“层级”所强调的上下级关系，以及自上而下的资源配置机制（见图6－2和表6－1）。

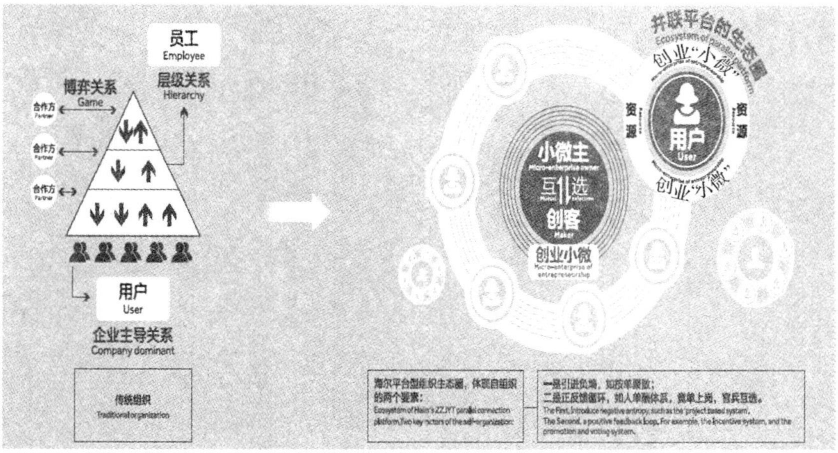

图6－2　海尔组织架构变革

资料来源：海尔集团。

表6－1　平台型组织与“金字塔形”组织的对比

	金字塔形组织	平台型组织	创　　新
观　　念	上级和下级 企业为中心 封闭	服务与被服务 用户为中心 开放	企业平台化、员工创客化、用户个性化
业务流程	串联流程	全流程并联	用户驱动全流程并联，“同一目标”、“端到端”、“小微”生态圈持续演进

（续）

	金字塔形组织	平台型组织	创　新
资源配置	审批制 自上而下	用户驱动机制	用户评价机制导入按“单”聚散、用户付薪：同一目标、同一薪源
协同关系	部门协同 命令协同	共创共赢社群协同、自然层级社会化协同	共创用户价值，利益相关方共赢；粉丝共治“小微”自组织

资料来源：笔者整理。

开放生态圈：组织无边界。“小微”可以开放寻找外部资源，是快速配置资源的主体，如果现有平台满足不了“小微”的需求，“小微”可以直接利用海尔之外的资源。天樽空调“小微”主雷永锋说，“原来是请求上级配置资源，现在是资源平台主动看能否满足用户需求，如果不能满足，他们就没有‘单’，也就没有‘酬’了。”当然，这是一个双向的关系，如果平台的竞争力强，同样也可以提供社会化的服务。例如，海尔的日日顺物流平台，就同阿里巴巴达成战略合作，为其提供社会化服务。另外，“小微”之所以存在就是有能够为用户创造价值的“单”。这个“单”也是开放的，海尔的开放平台既向海尔内部员工开放，也向外部开放。因此涌现出雷神游戏本、智慧烤箱、水路盒子等一批创业型“小微”，这些创业型“小微”主有很多是来自海尔外部，是海尔的创业平台吸引了他们。事实上，只有组织是开放的，才能保证外部一流资源的持续进入，才能做到组织内外部信息对称，保证组织的活力。

“小微”直接连接用户。比如，前面提到的天樽“小微”，其业绩是用户说了算，由用户来评价，而不是像原来由上级进行考核和分配。用户的评价通过线上平台和线下体验店得以实时反馈。“小微”直接面对用户，感受到的是用户的温度。“小微”同时又是连接企业内部各种资源平台的重要节点，拥有决策权、用人权和分配权，打破了原来的上下级关系、部门间的边界，成为快速配置资源的主体，促进资源平台直面用户，拉近了企业内部资源和用户之间的距离，能够对用户反馈做出快速响应。“小微”主雷永锋说：“现在全员直面用户，为用户负责而不是为上级负责，为几个指标负责，做到事前协同，扯皮的事情少了，‘倒逼’这个词现在已经不想再用了。”

用户驱动机制：释放用户选择权的力量

用户评价是一种最直接和客观的用户选择权表现方式。海尔日日顺物流配送服务提出“24 小时按约送达，送装同步，超时免单”的承诺，用户直接对这项承诺做出评价。“按约送达、超时免单”是看得见的硬约束，对于大件物流的难度更是可想而知。自实施以来尽管已经有几十台电器为用户免了单，但这也直接促进了日日顺物流配送组织流程的优化和服务竞争力的大幅提升。此外，海尔售后服务建立了数字抢单平台，一方面，服务人员需要抢单，另一方面，用户也可以根据已有的用户评价来对服务人员做出选择，并在服务完成后做出评价。以前是上级评价和分配任务，现在变成用户直接评价和用户选择。

如果说用户评价仅仅是初步的用户选择权表现方式，那么用户全流程参与到产品设计、研发、营销和服务过程中就又向前走了一步。可以说，对产品的选择从创意就已经开始了。比如海尔免清洗洗衣机的设计、研发和营销过程，就有用户的全面深度参与。从最初的创意开始，针对洗衣机内筒脏的问题同用户进行交互，进行创意筛选。进而将在创意筛选过程中胜出的用户请进海尔研发平台，一同进行产品原型开发，并展开竞赛比拼。参与这次比赛的一位用户“小孔成像”（网名）说：“这是拿自己设计的产品进行比赛，心里非常激动，在海尔平台上有设备、材料和工程师的支持，就想使自己的想法变成现实，每一次都不舍得离开实验室。”

产品是有温度的。在做免清洗洗衣机的案例研究时，笔者还发现了一件让人印象深刻的事情。我们通常都认为像洗衣机这种产品都是冷冰冰的，但就在用户全流程的参与过程中，我们不仅看到了参与者将自己的创意变成现实的激情，还看到了暖暖的母子情。“小孔成像”是一名即将毕业的学设计的大学生，从小非常淘气，自己本身还是摩托、冲浪、滑板等极限运动的发烧友，着实让父母操了不少心。用他的话讲，“从小就不省心”。当自己的方案最终胜出，并一步一步变成产品的时候，他第一时间将自己参与设计洗衣机这件事情告诉了妈妈，看到“不省心的儿子”做出了让人骄傲的成绩，妈妈非常激动。而在传统的金字塔形组织模式下，“小孔成像”是很难参与到产品的全流程开发中来的，自然也就无法产生这样带着温度的产品了。

三种定制。2014 年年末，免清洗洗衣机还是作为用户参与设计的典型案例存在。今天，海尔的众创汇平台已经上线，用户的创意可以在这里汇集。当共同的创意达到一定数量的时候，就可以下单进入智能制造环节，而且全流程是可视的（见图 6－3）。实际上，这只是海尔三种定制模式中的一种——众创定制。

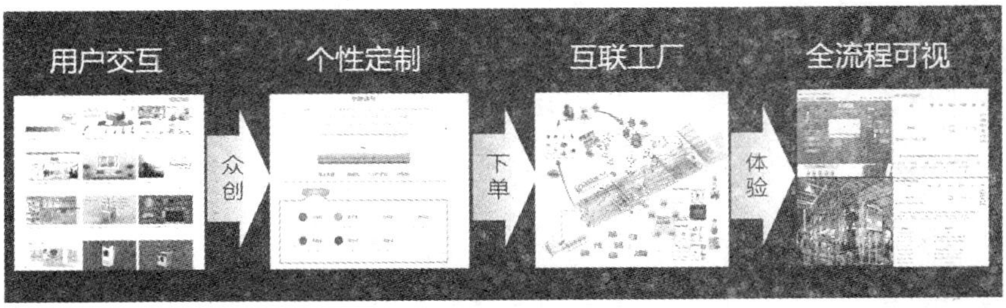

图 6－3　用户交互定制平台“众创汇”

资料来源：海尔集团。

此外，还有模块化定制和专属定制。所谓模块化定制，就是把产品进行模块化解构，分为固定模块和可变模块，用户通过模块差异的选择满足自己的独特需求。所谓专属定制，就是对用户个性化需求的满足，比如将可变模块融入自己的设计，然后交给智能互联工厂来实现。这三种定制模式还主要集中在硬件定制上，未来海尔对产品的定义是智能产品，可以预见，将会有更多“硬件 软件＋服务”的个性化定制出现，到那时用户将有更大的选择权。

企业之间的竞争是用户选择权的竞争。无疑，企业只有消除面向用户的各种阻碍，建立同用户最直接的连接，走进用户的生活场景，感知用户的情感，做到同用户零距离，才能充分释放出用户的选择权利，最终在竞争中生存下来，这正是海尔平台型组织所要实现的。

专栏：海尔“1+7”平台架构

“1”是“U+”智慧生活平台。它不仅将家庭生活中所用的产品连接起来，实现互联互通，还将接入相关内容和服务，最终目标就是为用户创造智慧生活体验。

“+1”是用户定制交互平台：众创汇。实现用户参与设计、参与制造，在交互过程中，所有设计资源和模块商资源共享，实现可视化和用户的零距离交互。

“+2”是即时营销平台。主要是指传统意义上的渠道向O2O模式的转型，通过这个模式转型获取用户流量，实现用户的流量转化和口碑的传播。

“+3”是开放创新平台：HOPE。全球的研发资源可以无障碍进入，直接满足用户的需求，实现用户的需求快速转化。

“+4”是模块商资源平台：海达源。海尔对原有供应商提出模块化升级的要求，具备模块化能力的供应商才能够进入海达源平台。模块供应商在海达源平台上能够直接看到用户需求，根据自身的能力和兴趣自抢单、自交易，围绕特定需求与海尔内部的“小微”共同组成一个开发用户体验解决方案的利益共同体。

“+5”是智能制造平台。主要是指海尔智能互联工厂。

“+6”是智能物流平台。包括日日顺物流。

“+7”是智能服务平台。包括17000多个社区服务中心。

第二节 组织的进化

人单合一管理实践，在组织层面的一个重要目标就是建立同用户零距离的组织。为了构建合一双赢的组织，海尔的组织结构走过了从金字塔向倒金字塔，再向平台型组织的转变。这个过程中，组织的主体走过了从自主经营体到利共体，再到“小微”的三个阶段。

自主经营体

自主经营体的探索可以追溯到2009年，当时提出将组织结构从金字塔转变成为倒金字塔，并开始了试点。接下来，自主经营体从试点到全面推开。截至2012年3月，海尔8万多人的企业已经转变成为2233个自主经营体，每个自主经营体都由经营体长（简称：体长）和成员构成。自主经营体的规模有大有小，平均在30~40人，最小的经营体只有1个人。海尔的全员自主经营体探索引起了国内外学者的广泛关注，自主经营体的汉语拼音缩写是ZZJYT，已经成为大家相互交流用的专有名词（见图6-4）。

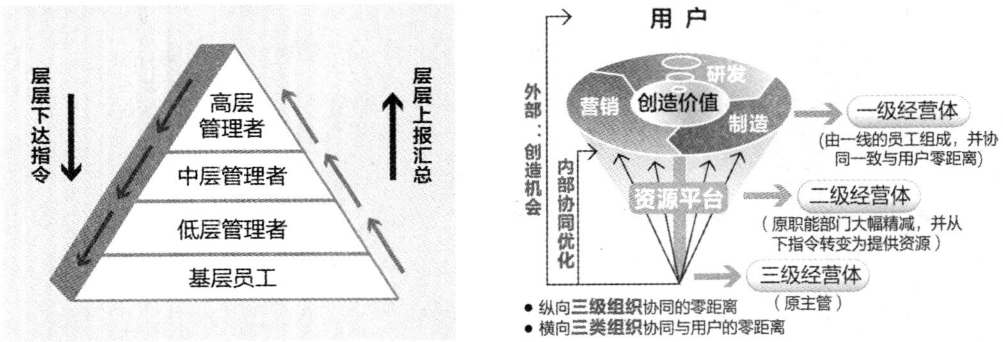

图6-4　从“金字塔”向“倒金字塔”的转变

资料来源：海尔集团。

“三类三级”自主经营体。三类是横向分类，指研发、制造和营销三类一级经营体。变成倒金字塔之后，一级经营体直接面向用户，目标就是能够找到自己的用户，并建立端到端的联系，为用户创造价值。研发类自主经营体又称为型号经营体，简称“型体”，主要负责产品的研发。制造类自主经营体又称为生产线经营体，简称“线体”，主要负责产品的制造。营销类经营体又称为用户经营体，主要负责创造用户资源。同时，三类自主经营体又是围绕用户展开相关工作，做到优化协同，就是要建立“端到端”和“同一目标”的联系。

三级是纵向分类，分为一级、二级和三级自主经营体。一级经营体直接面向用户，为用户创造价值。二级经营体作为资源平台，主要包括战略（CS）、财务（FIN）、流程系统创新（PSI）、法务（LEG）等类型的经营体，为一级经营体提供资源和流程支撑，原来职能部门的概念逐步为资源平台服务的概念所替代。打一个比喻，原来的职能部门变成了资源的超市，一级经营体需要什么资源就可以从资源平台上获得。换个角度讲，只有一级经营体购买二级经营体的资源，二级经营体才会有收入。如果二级经营体不能够为一级经营体提供资源，一级经营体也可以引入外部资源。实际上，就是形成一级经营体对二级经营体的“倒逼”。三级经营体作为战略性经营体，其职责就是对内促协同优化，负责机制创新，对外负责发行和抓住战略性机会。

总体来讲，自主经营体的初衷是要把“端到端”、“同一目标”和“倒逼”三大要素建立起来。通过自主经营体的实践解决了“谁负责”的问题，从以前出了问题责任不明，大家相互推诿、相互扯皮，到自主经营体建立后组织中责任节点得到确立，找到了解决扯皮问题的切入口，使许多模糊不清的问题日益清晰起来。同时，决策权、用人权和分配权的赋予，抢单、“官兵互选”、“鲶鱼”等机制的实行，使自主经营体具备了自主意识，自主性得到增强，员工的活力得到释放。但管理没有永远的答案，只有永远的问题。自主经营体在“纵横连线”，处理“三类和三级”自主经营体协同的过程中，又遇到契约约定事项多、内容烦琐、各自从本位出发、目标不一致等新问题。加之，无论是金字塔还是倒金字塔，本质上都还是封闭的系统，全方位开放，使外部一流资源可以无障碍进入的问题并没有完全得到解决。

利共体

2013年年初，在自主经营体的基础上，海尔开始了利共体组织形式的探索，核心是要解决同一目标的问题，尤其是二级资源类经营体以及外部资源和利益相关方、同一级用户经营体的同一目标融入问题。如何解决这个问题？商业生态圈的视角就成为利共体探索的重要切入点。

为什么选择商业生态圈作为切入点？本质上企业的竞争优势是来源于内部一体化的竞争优势还是来源于商业生态圈的竞争优势？这是企业实践层面需要做出的一个判断。虽说在具体操作中两种路径可能会有交叉，甚至是并行，但总体的导向是需要明确的。因为，这涉及组织结构对企业行为的支撑。而这个判断做出的基础是，用户呼唤什么样的组织形式。与其说是企业做出的判断，不如说是用户要求企业做出的判断。

用户呼唤能够柔性重构和协同演进的组织。用户的需求是什么？这是每一个企业都在不停思考的问题。标准化的产品和服务已经不能够满足用户的需求，个性化需求的满足才是今天用户的最爱。而这不可能依靠一个仅在某些方面有专业知识和能力的大规模企业来完成，需要的是一个能够根据用户需求，快速整合、集成分散在世界各地资源的组织形式。甚至现成的资源不存在，还需要企业间合作，共同为用户创造所需的资源。商业生态圈正是对这一现实的概括，即该系统不仅是一个拥有互补性资产或知识的企业网络，同时企业间还存在协同演进的关系，不断产生新的资源和知识。当然，目标是为用户创造价值。利共体正是承载着这一用户目标而产生的。

人单合一管理实践本身就是一个探索的过程，没有现成的答案。实践者可以做的就是在现实问题和终极追求之间求解。利共体就是自经体开放整合资源，协同利益相关方，满足用户个性化需求的一个“解”。回过头从已经走过的路来看，这个“解”架起了从倒金字塔形组织向平台型组织过渡的桥梁。或者说，利共体本身就是平台型组织的初步探索，就是向商业生态圈竞争优势的初步迈进。无疑，获得商业生态圈竞争优势这个观念，已经走进了海尔人的脑海和行动之中。事后总结，利共体具有“全流程、开放、动态和竞争”四个特点。

全流程主要强调在“为用户创造价值”同一目标下的两个融合，即资源经营体与用户经营体之间的全流程深度融合，内部资源与外部资源的全流程深度融合，实现端到端连接。当前，海尔资源经营体向用户经营体下沉融入，从管理者、领导者角色向服务者、接口人角色的转变就是一个生动的写照。

开放就是在全球范围发现、接入和应用一流的互补性资源。在开放的条件下，在更广阔的范围内解决封闭条件下不能解决的问题。通常管理总是纠缠于内部协调问题，实际上引入外部一流资源是解决内部协调问题的重要之道。用海尔的话讲，就是“聚高人”。在对海尔的访谈中，一位高管就谈到，“我们需要做得更开放”。事实上，也只有通过开放，才能实现“小核心、大外围”。

动态是对用户需求的持续满足，根据用户需求的变化不断地在全球范围内重构、集成和创新互补性的资源，并实现合作方的协同演进。利共体本身就是一个持续变化的商业生态圈，海尔的按单聚散表达了第一层次的含义，而实现合作方的协同演进，不断创造出新的资源和知识，将是一个长期、艰巨的过程。换句话讲，协同演进是需要独特吸引力做保障的，需要更强的信任和承诺。

竞争则是生存之基，包括内部资源之间的竞争和外部资源的竞争，关键是要有进退机制，避免“搭便车”和“道德风险”问题的出现。通过竞争产生第一竞争力的“高单”，通过竞争形成外部资源的动态优化机制，产生一流的“高人”。

经过一段时间的探索，实践中又出现了平台和利共体之间市场结算的新问题，以及如何为企业内部创业提供孵化平台支撑的问题。

“小微”

为了解决上述问题，“小微”就涌现出来了。首先，在整体组织结构上海尔明确了平台和“小微”的基本架构，员工也只有平台主、“小微”主和“小微”成员三个角色。其次，“小微”本身连接用户更加直接，发展的方向就是完全独立经营的市场主体，成为快速配置资源的主体。“小微”的酬直接来自用户，平台的酬又来自“小微”。最后，“小微”本身又被赋予了创业转型的含义。既包括存量业务和资源中产生的转型“小微”，又包括在增量业务和资源中产生的创业“小微”。

开放的创业平台。随着海尔创业文化氛围的形成、创业平台的加速建设，以及员工创客角色的赋予，实际上，海尔组织变革走到“小微”这一阶段已经不仅仅是海尔自身的事情，它已经成为社会化的创业平台。不仅海尔内部创业者可以在平台上创业，外部创业者同样也可以利用海尔资源进行创业，只要你创建的“小微”能够给用户带来价值。

多样化的创业“小微”。在海尔的平台上，创业“小微”的种类是多种多样的。如果说在自主经营体阶段，经营体的出现多多少少还有些“计划”的色彩，那么到了“小微”阶段，“小微”的出现更多的是演进的结果，有很多意想不到的“小微”出现，同时“小微”还在裂变出新的“小微”。从目前涌现出来的“小微”看，主要有以下四类：第一类为海尔内部孵化的“小微”。比如，雷神游戏本“小微”、免清洗“小微”等，这类“小微”是内部创客在海尔内部孵化产生的。第二类为内部创客在海尔外部孵化的“小微”。比如，有住网、巨商汇等，这类“小微”完全在海尔外部孵化，同海尔平台有资源利用关系。第三类为外部创客加入海尔孵化的“小微”。比如，智慧烤箱、水盒子等，外部创客带着创意和资源在海尔平台上进行孵化。第四类为外部创客外部孵化的“小微”。比如，“快递柜”、“车小微”等，这类“小微”是外部创客出资和提供服务，同海尔资源协同，在外部进行孵化产生的（见图6－5）。

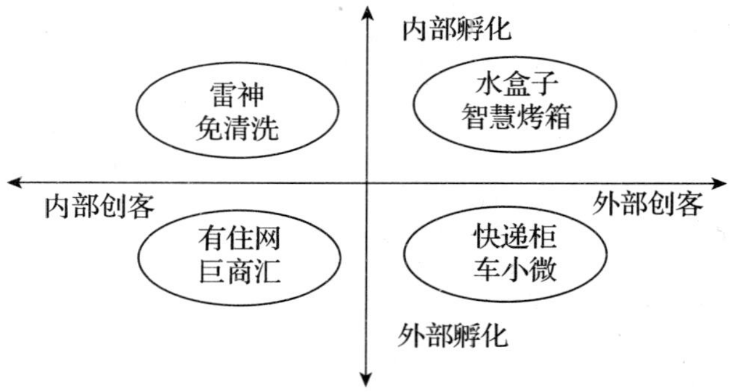

图6－5　创业“小微”类型

截至 2015 年 2 月，海尔集团已支持内部创业人员成立 212 家“小微”公司。这些创业项目涉及家电、智能可穿戴设备等产品类别，以及物流、商务、文化等服务领域，涌现出匀冷冰箱、雷神游戏笔记本、水盒子、空气魔方、巨商汇和有住网等一批成功的创业“小微”。目前，在海尔创业平台上已经诞生 470 个项目，汇聚 1322 家风投，吸引了包括研发、供应链、制造和销售等各类海量资源，孵化和孕育着 2000 多家创客“小微”公司，为社会提供了超过 100 万个就业机会。

仅海尔“车小微”就为社会提供了 18 万个就业岗位。这 9 万辆车都不是海尔所有的，但在海尔的物流平台上调度、运行，向下渗透到 2 万多个乡镇市场，做到直配到镇，承诺“24 小时按约送达、送装同步、超时免单”。这个平台对其他厂商也是开放的，国内销售额超过 100 亿元以上的家电品牌有 14 个，其中有 12 个加入到日日顺物流生态圈中。

海尔架构的创业平台实际上已经成为全社会资源优化配置的平台，一方面，越来越多的各类资源进入平台，另一方面，越来越多的社会人员选择在海尔平台上进行创业，使其成为大众创业的平台。实际上，海尔对自身组织的定义也发生着变化，即从单纯的产品制造平台向创客孵化平台转变。“企业即人”，这是海尔坚守的信念，打造合一双赢组织的关键还在于人，在于创客在海尔能够加速涌现、加速成长。

自组织：“一分为三”的无限可能

“小微”大潮。面对市场和技术环境的飞速变化，世界各国企业都在寻找适应环境变化的组织管理方式。腾讯游戏的创业小组、万科的事业合伙人、百度的小团队制等，都在进行着自组织探索。可以说，“小微”这种自组织方式正渐成“大潮”。显然，这些企业都意识到了原有大规模兵团统一作战的方式已经不能够适应时代的发展，特种作战小组的方式得到大家的普遍关注。这些探索的背后是人才、资金、技术和市场渠道等资源的再组合，是利益分享和风险分担机制的创新，是企业和员工角色的再定义。它们共同的特点是用户驱动、价值共创、利益共享和风险共担，就是人单合一。

“小微”本质是自组织。“小微”是在金字塔形层级组织和市场化组织两种形式之间寻找到了一种新的组织方式，既不同于金字塔形自上而下的组织方式，也不同于完全以交易契约来运行的市场化组织方式。它是以共同的价值认同、信任、兴趣和共创共赢利益机制为连接自发涌现、自下而上组织起来的，同时又是社会化成长的，即开放引入资源，并接受来自用户的直接检验。简单来讲，就是自创业、自驱动、自演进。所谓自创业，就是“小微”的自发涌现，而不是上级设定的；所谓自驱动，就是由用户驱动，用户来检验，而不是由上级驱动和评价；所谓自演进，就是能够开放形成生态圈，持续成长，生生不息。

站在知识创造的角度，“小微”又具有野中郁次郎定义的“动态分形组织”的特点（自组织、共生互利和知识的“三元关系”），它在公司的“场”（平台）中不断进行着各种的组织协同（个人和组织，公司内组织之间，超越公司边界的组织之间，跨越知识生态圈的协同），扩展着自身的“知识生态圈”（见图6-6）。

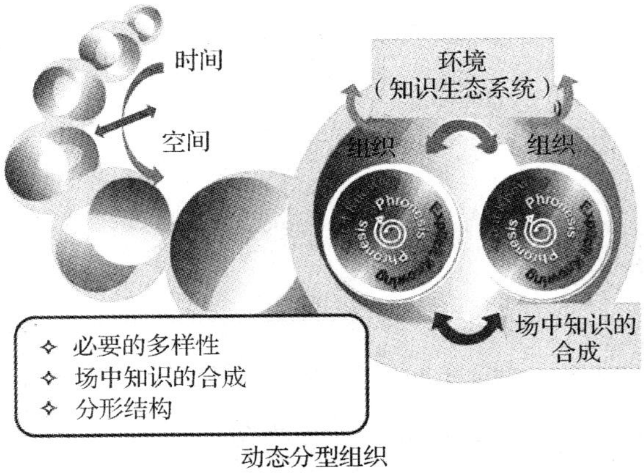

图6-6　动态分形组织

资料来源：Nonaka I., Kodama M., etc. Dynamic fractal organizations for prmoting knowledge-based transformation-A new paradigm for organizational theory [J]. European Management Journal, 2014, (32) P137-146.

事实上，恰恰是人单合一这种“一分为三”的管理哲学视角提升了“小微”实践探索的弹性和张力，实践智慧不断闪烁出新的光芒。可以预见，在金字塔形层级和市场化之间，多样化的“小微”还会继续涌现。除了上述四类“小微”之外，更多内外部创客相结合、内外孵化相结合的混合型“小微”会持续裂变出来，“小微”的实践探索也会更加丰富。无疑，对于平台而言，如何为“小微”的成长和演进创造更有利的生态圈就成为平台建设的新挑战。用海尔的话讲，就是平台主的“单”——为“小微”创造并联生态圈。

第三节 自组织机制

平台型组织中“小微”是资源和用户的载体，每一个“小微”都可以看成是相关资源和用户的集合体，而要实现其自创业、自驱动和自演进，就需要有相应的自组织机制保障。从物理学原理来讲，就是引入负熵和进行非线性的正反馈自组织的机制。在海尔的管理实践中，就是实行按单聚散、竞单、“官兵互选”等相关机制。

按单聚散

用户驱动的“单”。“单”就是用户价值，是“小微”存在的前提。“单”从哪里来？这个“单”不是由现有的人和其他相关资源决定的，而是在开放条件下产生的“单”，是用户认可的“单”。“小微”在涌现的时候，一般都会被问到如下三个问题：一是“小微”想要什么？二是同竞争对手相比，独特的价值主张是什么？三是如何做到？而要回答这三个问题，就必须同用户建立直接的连接，努力做到同用户零距离，否则就无法找到“单”。换句话说，在“小微”出现之初，就是用户驱动的“单”，而不是上级领导根据总体任务进行分解和设定的“单”。

用户驱动“三步走”：多、久、深。前面提到的雷神、有住网、免清洗等“小微”都是基于用户驱动这一原则而产生的。比如，雷神的“单”就是基于3万条用户意见、13条集中抱怨产生的；有住网的“单”就是针对用户装修中价格不透明、信息不对称、质量无法保证等用户的最大抱怨而推出的互联网装修产品（见图6－7）。

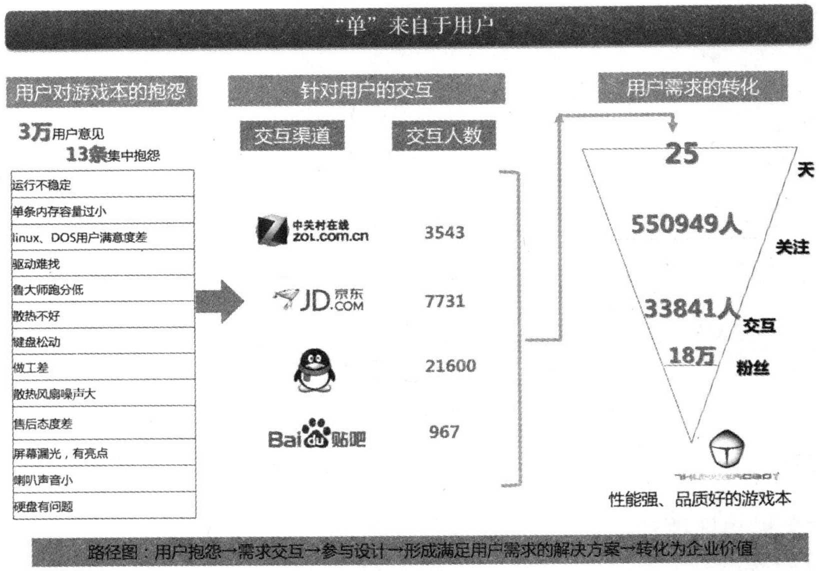

图6－7　雷神的“单”

资料来源：海尔集团。

实际上，建立同用户的连接仅仅是用户驱动的第一步，就是在用户的交互量上要达到“多”。作为用户驱动的“单”本身不是上级或者自己拍脑门计划出来的，而是动态演进的过程，是在同用户进行持续交互中发现的“单”。因此，建立持续交互的联系是第二步。也就是说，除了“多”之外，还要形成“久”的联系。雷神、有住网通过线上和线下活动的结合，增加了用户黏性，形成了各自的用户粉丝圈。持续交互不是目的，主要是通过持续交互进一步促成用户和资源方互动，进一步丰富“小微”生态圈，形成产品和服务的快速迭代，充分释放用户侧和资源侧互动的跨边网络效应，这是用户驱动的第三步。基于产品和服务的迭代升级，进一步形成了同用户的深度互动。实践中，雷神在一年多的时间里完成了产品的六次迭代，有住网则完成了产品的三次迭代升级，并形成了同资源方的良性互动。

用户验证的“单”。“单”既来自用户，也是由用户来检验的。对于创业“小微”而言，能否吸引来社会投资，使生态圈丰富，就是用户价值的一个表现。而对于转型“小微”而言，比如“天樽”空调“小微”、免清洗“小微”，由于资产存量较大，其验证主要体现在产品量的持续爆发式增长和生态圈丰富上。具体在实践中，海尔通过“二维点阵”方法来实现用户价值验证。

能聚能散。在海尔开放的平台上，“小微”是动态演进，并由用户评价来进行选择的。换句话说，就是用户驱动平台资源配置。如果“单”为用户创造了价值，那么平台相关资源将根据用户评价进行配置，既可以向“小微”聚集，也可以散出，完全根据用户评价做出。不能够为用户创造价值的“小微”将会被散掉，反之则有更多资源聚集。资源的聚散机制保证了“小微”的活力，只有创造价值者“生”。

海尔的按单聚散流程已经在信息化平台上落地，可以进行实时显示和实时操作（见图6-8）。

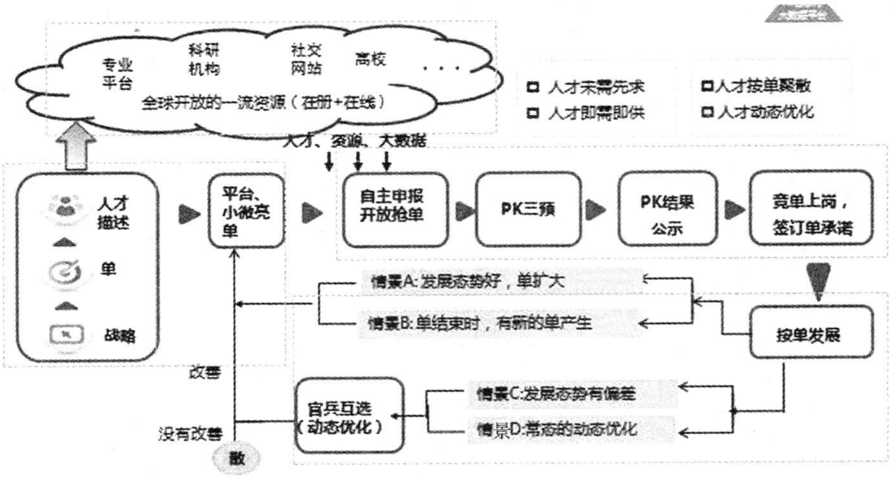

图 6－8　按单聚散流程

资料来源：海尔集团。

第一部分：明确了人力资源需求来源于战略和市场目标。

第二部分：构建了开放的人力资源交互平台，解决了人力资源来源问题。这个交互平台可以快速挖掘和搜索各类社交网站、各类专业领域网站等，把上面的人和资源动态聚集在交互平台上，同时可以把这些人和资源进行“画像”，然后匹配战略和目标的需要，进行优先级排序，显示在平台上，“小微”可以自主用人。另外，这个平台还可以实现资源、人和“小微”组织之间的实时动态交互。

第三部分：解决了人和资源如何进入海尔平台，主要通过自主申报、开放抢单、PK 三预竞单上岗和签订契约四个小流程来实现。

第四部分：动态优化。人和资源进入平台以后，不是一劳永逸的，而是动态变化的，基本上可以分成三种情形：第一种情形，发展的趋势非常好，高单高酬；第二种情形，抢了市场目标，单是周期性的项目工作，完成这个单之后可以去抢其他的单，即人在企业内部，每个人都是节点，这个节点不是静态不动的，而是基于目标的需要而聚散；第三种情形，抢单之后，发展趋势和竞单上岗时的目标承诺有差异并且不能限期关差，这时会启动“官兵互选”的机制。如果第三种情形还是改善不了，那么就进入“散”的环节。

实践中，有时的“散”，结果带来了更好的“聚”。比如，之前提到的海尔家居由于一直找不到有效为用户创造价值的方式，在2014年就遭到了整建制的解约。但如今，在断了后路之后，他们又找到了新的出路，并涌现出有住网等“小微”，新的“单”吸引了更多的资源蜂拥而至。从之前的“散”又走到了“聚”。

专栏：20万元，平台主自掏腰包给“小微”发工资

每个月的12日是传统模式下员工发工资的日子。7月13日，日日顺电商平台——家哇（http://www.jiavva.com）“小微”（定位于家具互联网服务提供商，取“添砖加瓦”之意）的成员们却没有如期收到上个月的工资。大家其实心里是清楚的，更早的时候，日日顺电商平台主解居志就与“小微”成员们达成共识，自6月开始，家哇“小微”自立门户、自负盈亏、自挣自花，完全实现用户付薪而不再继续被“包养”。

“断奶”之后的家哇“小微”仍没有挣出酬来。同一天，解居志的心里也有点不踏实，他让HR经理去微服私访一下，看看“小微”成员们如何反应。反馈回来的消息是情绪和局面尚算稳定，但“小微”希望向平台先借钱发点生活费。

这种桥段以前屡屡发生，个人借集团的钱，每每有借无还，按单聚散机制没有能够真正落地。解居志带着这个难题去找轮值总裁周云杰。周云杰以前处理有住网刘斥遇到的类似问题时就没有心软，结果有住网反而绝处逢生。解居志自然无功而返。无奈之下，解居志只好自掏腰包20万元给“小微”发工资。同样是借钱发工资，但解居志这次用的是自己个人的钱，不是集团的，“小微”主林贞委也以个人的名义给解居志打了借条。欠债还钱，天经地义，团队中每个人都清楚这次借钱的分量和意义。

真“断奶”方有真创客。“小微”独立是很多创客的梦想，那意味着更广阔的天地、更广阔的市场，但“小微”独立看上去很美的同时也充满着风险和残酷。有住网创业团队中有的成员在“断奶”后甚至用住房抵押贷款维持“小微”运营。家哇“小微”独立的消息一出，马上有四名成员主动退出，但更多成员在压力面前选择了坚持、选择了挑战。“小微”独立的同时，其潜在价值迅速上升。曾在罗兰贝格、摩根任职的创二代余嘉浚，问道电商创始人李结林等创业者，非常认可在海尔平台创业的机会，不但不要薪酬，反而自带资金加入，成为联合创始人。

断后路方有出路。解居志本人也遭遇了“断奶”，第一季度后，集团不再对他负责的平台进行投资，原来的投资花完以后，平台也面临被砍掉的风险，要继续运行下去，解居志所需的运营资金只能来自借款，借款的担保人也不是集团，而是解居志本人。目前，解居志已负债3500万元。解居志说：“这些借款是我个人的，是要还的。”“断了奶”的解居志再也没有免费的午餐给“小微”吃了。自然，注意力就聚焦在了为用户创造价值、打造用户生态圈上。

资料来源：《海尔人》，2015年7月29日，第1027期。

竞单上岗和“官兵互选”

所谓竞单上岗，就是员工在机会均等的条件下竞争上岗的过程。传统的竞争上岗不强调目标的唯一性，更注重参与者的条件优劣。而竞单则是锁定“单”，在开放条件下寻找能够完成“单”的人。前面讲了，“单”是由用户驱动，由用户来定的。那么，“竞”凭的就是你的预算和方案。通俗地讲，就是要回答为什么我要干、我是不是能干以及我怎么干三个问题。在人单合一管理实践中尤其强调归零竞单，就是真正做到在开放条件下的机会均等，“竞”的是“单”，有“单”才有岗。

所谓“官兵互选”是指，“小微”主和“小微”成员之间并不是一成不变的，当“小微”主不能够带领大家更好地为用户创造价值，“小微”成员不能够获得相应的酬的时候，这时就要启动“官兵互选”了。“官兵互选”不是目的，而是手段，是要激发团队的创业活力，实现“小微”的加速成长。

以发生在水盒子“小微”身上的一次“官兵互选”为例。2015年6月，由于在水盒子一代、智能净芯杯等项目中均未能达成对赌目标，邹浩不再担任水盒子“小微”主，启动“官兵互选”机制。当水盒子“小微”主的竞单通知公示之后，在几天之内就收到了十几份简历，并有三名来自外部的人才获得了抢单资格。经过竞单和公议，拥有互联网经验、净水行业从业经历且一心想创业的谢军最终胜出，成为新任水盒子“小微”主。

这时摆在邹浩面前的路有两条：撤出水盒子“小微”；在水盒子“小微”内部重新抢单成为“小微”成员。邹浩该何去何从？经过几天的思考，邹浩选择了第二条道路。在他看来，自己对水盒子“小微’倾注了太多的心血，即使不能亲自带领“小微”走向辉煌，至少也要为“小微”的发展继续奉献自己的力量。于是，邹浩参加了水盒子“小微”成员的新一轮抢单，最终成为负责水盒子模块、统率净水产品的企划。

本章结论

平台型组织的“一二三”。“一”是指用户评价驱动机制；“二”是指平台和“小微”两类主体，前者为资源配置提供支撑，后者是资源配置的主体；“三”是指组织中平台主、“小微”主和“小微”成员三类角色。海尔正是通过建立平台型组织，打破层级组织的束缚，在“人”和“单”之间建立最直接的连接、更加快速、有效地满足了用户需求，创造了超预期的用户体验。

自主经营体、利共体和“小微”是海尔组织转型的三个关键阶段。组织转型目标是建立自组织，按单聚散、竞单和“官兵互选”是自组织的重要机制。

第七章 >> 合一的工具：创造用户增值

转型的行动地图是什么？

如何把握转型的节奏？

转型行动的驱动机制是什么？

第一节
行动地图：锚定用户增值

每个人的战略损益表

人单合一的行动。“确实很好，也想这么做。但如果这么做，我们企业可能就散了。”这是很多企业看到海尔人单合一管理实践发出的感叹，由此不难看出企业面临的两难选择。不进行转变，组织僵化将会继续，最终被淘汰；进行改变，有可能企业就散了。就海尔而言，从一个巨型航母变成了目前由200多个“小微”组成的联合舰队，确实存在这样的风险。这似乎又回到“一统就死、一放就乱”、集权和分权的管理悖论中去了。但在海尔的人单合一管理实践探索中，我们发现这并不是一个真正的问题。

如果放在金字塔形组织结构中肯定是无解的，因为内部博弈是上级和下级之间的基本关系，自上而下的主导管理逻辑自然会产生这个问题。但在平台型的组织架构中，以及平台和“小微”之间服务与被服务的关系上，彼此之间就不存在相互博弈的问题，而是面向同一目标用户，原有的审批机制被用户评价机制所替代。可以说，平台型组织架构为这个问题的解决提供了可能，但是将“可能”变成“现实”，还需要有相应的行动。战略损益表恰恰扮演了这个角色，就是为每一个员工提供一个行动地图。避免出现虽然在组织架构上发生了变化，拥有了相应的自主权，但却无所适从，在行动上迷失和停滞的局面。

战略损益表是员工行动的指引。对于大多数企业而言，战略只是管理层的事情，一般员工并不关心，只是听从上级命令就好了。但在海尔，每个人脑海中都有战略损益表的概念。如果要完成一项工作，大家都会想到三个字“目团机”，也会问自己：“我的‘目团机’是什么？”所谓“目”，就是工作的目标是什么。在人单合一管理实践中，就是首先要搞清楚干这项工作创造的用户价值是什么。所谓“团”，从字面上讲，就是完成这项工作需要什么样的团队，要找哪些合适的人。如果再进一步延伸，就是我需要什么样的资源。所谓“机”，就是我要实现工作目标，有效驱动团队和资源的机制是什么。围绕着对“目团机”问题的回答，就形成了行动方案。每一天的工作是什么？要达到什么目标？没有达到怎么办？实际上，这就落实到了海尔近30年如一日坚持的“日清”体系上，“日清”在海尔已经成为行动的自觉。

有句话叫“大道至简”，“目团机”恰恰就是“管理至简”的体现。管理本不是一些时髦的用语和复杂的理论，以实践为基础，简单、有效的管理才是最真、最美的。

“目团机”：万变不离其宗。正是“目团机”加“日清”构成了海尔战略损益表的主要内容。换句话说，“目团机”就是海尔战略损益表的核心简化版。实践中，“目团机”已经融入海尔人的血液中，不论遇到什么样的难题，他们都不会乱，都会按照“目团机”的逻辑去思考和展开工作。虽然现实中的管理情景在发生快速的变化，但“目团机”的逻辑没有变，变的只是“目团机”内涵的丰富和外延的扩大。比如，用户交互的目标、自经体、利共体、“小微”、人单酬机制、用户评价机制等，都是“目团机”在实践中的演化，都是对“目团机”的新理解。但万变不离其宗，所以海尔人总是能够有条不紊地展开工作，并不断创新前行。

战略损益表的本质是“尊重人”。很多管理工具更多是把人作为物和工具来看待，在这些管理工具的作用下，人几乎是不用思考的，就是一部机器上的齿轮或螺纹。或者说，只是身体意义上的人，而不是具有大脑的人，脑体是分离的。而战略损益表就是要实现从脑体分离到脑体合一，让每一个员工主动去寻找自己的用户，去思考如何为用户创造价值，并在为用户创造价值的同时获得自己的价值，发现自己的价值，而不只是听从上级的指令。让员工不仅是作为管理的身体而存在，更重要的是拥有管理的大脑。脑体本就是一体的，只是我们原有的管理工具人为地将它们分离开来。海尔涌现出的创业“小微”就充分说明了这一点，一旦员工体会到脑体合一的快乐和价值，活力是超乎想象的。

记得一次同张瑞敏先生交流时，我问“对管理的体会是什么?”，他没有直接回答，而是举了一个例子。他说青岛有一个地方叫八大关，这里每一栋建筑物都有各自的特色。同时，一栋建筑物从不同角度看又都会有不同的感受，有时感觉到不仅是人在看建筑，也是建筑在看人。行走其间，能够感受到人和建筑是合为一体的，能感受到设计师对人的尊重。而不像现在很多建筑，不仅几乎一个面孔，而且让人感到压抑。之后我在想，管理何尝不是如此？管理的出发点和落脚点都应该是人，“尊重人”应该是管理的本质。

四象限宙斯模型

海尔战略损益表有四个象限，刚好四个象限的英文首字母缩写为ZEUS，又被称为宙斯模型（见图7－1）。第一象限是用户价值，主要解决战略方向的问题。第二象限是人力资源，员工（或创客）来承接为创造用户价值的目标。第三象限是同一目标的承诺和流程，是对目标的落地实施，也叫预实零差。第四象限是利益相关方的价值分享，是通过二维点阵对人单酬的显示，重点是实现闭环优化。

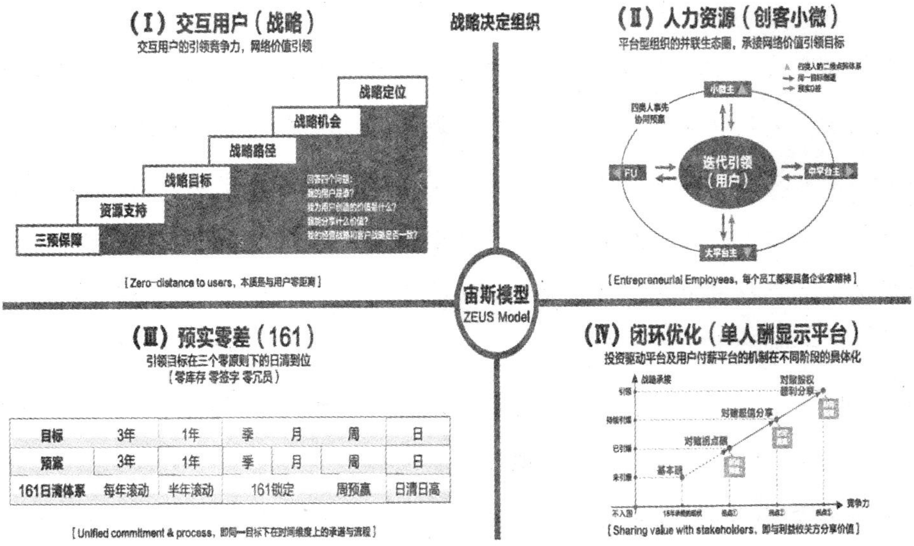

图 7－1　海尔战略损益表（V9.0）

资料来源：海尔集团。

第一象限的本质是通过交互用户寻找用户价值。具体就是回答德鲁克提出的“企业四问”：我的用户是谁？我为用户创造的价值是什么？我在为用户创造价值的同时能够分享什么价值？我的经营战略同用户价值一致吗？回答上述四问的核心是：零距离交互用户。这对传统企业的挑战非常大，因为原来所谓的用户价值就等同于销售额和利润，并且完全是以企业为中心定出来的。从绩效结果上，我们看到的同样是“数字”，但“数字”背后的观念、方法、流程完全不同。

尽管传统的做法也有针对市场和用户的调研，但还谈不上零距离交互。因为：一是我们虽有产品销售，但产品销售完成后，用户处于“失联”状态，或者说，虽有交互，但不是持续交互，更谈不上跨越企业边界的零距离深度交互；二是交互更多只是单向的联系，并不是平等参与、双向持续沟通的结果。所以，挑战就在于寻找用户价值的方式、方法和流程的改变。现在需要做到的就是用户全流程参与交互，包括创意、研发、生产、营销和售后的全流程交互，目标就是创造超预期的、引领式的用户体验。这就是当下的用户价值体现，也是一切工作的目标和中心。实践中，正在推进的模块化定制、众创定制和专属定制，以及全流程可视化都是在提供用户交互的平台，创造引领式的用户体验。

第二象限是人力资源。更准确地讲，就是如何有效组织人力资源。海尔走过了从自主经营体、利共体到“小微”的人力资源组织方式，这些组织方式承载交互用户、创造超预期用户体验、实现引领目标的任务。

第三象限是预实零差。其核心是“日清”体系保证方案的实施，就是要做到日事日毕、日清日高。而做到“日清”从管理上又有“三个零”原则：第一个原则是“零库存”，所有产品用户一旦需要就必须马上提供，用户不需要就不该留有库存。第二个原则是“零签字”，就是通过同一目标全流程并联，解决多个人签字，而签完字又无法负责的问题。第三个原则是“零冗员”，就是所有人都要有自己的用户，如果没有自己的用户就没有在组织中存在的意义。实践中，根据预期达到的目标和实际完成的情况，找到“差”，并进行“关差”。如果从节奏上讲，传统的会计报表只能够做到按月度来反映经营管理信息，而海尔所做的是落实到周、到日的信息反映。

第四象限是闭环优化。就是通过单人酬的显示，发现人、单、酬之间存在的差距，让更有能力的人来产生更高的“单”，创造更高的用户价值，并分享创造的用户价值，获得更高的“酬”。具体由二维点阵图衡量完成“单”的情况。

是什么？为什么？如何做？这是管理中必须要解决的三个问题。通过上述对海尔战略损益表四个象限的简单介绍，我们发现它和传统损益表完全不一样。为什么海尔要创造出战略损益表呢？从现有的财务制度而言，每个企业都有三张报表——资产负债表、现金流量表和损益表，其中损益表非常重要，它可以告诉你企业绩效是什么。它的逻辑也很简单，就是收入减去成本，再减去费用，就等于利润。但是它只告诉了我们企业绩效当下是什么，不能告诉我们“为什么”，以及为了保持持续成长“如何做”。

现实中，我们也经常会看到，今天企业的绩效不错，损益表显示非常漂亮。但没过多久，企业就出现亏损甚至倒逼的现象。也就是说，短期和长期目标的关系没有处理好。因为在传统损益表中只能够“见数不见人”，在表中无法看到员工和用户的情况。因此，抓住管理本质要素“人”和“单”，将其融入战略损益表中来，并追求两者的合一双赢，就成为创造和运用战略损益表的初衷。

“见数更要见人”。前面讲到，战略损益表的本质是“尊重人”，实际上也就体现在这里。除了传统损益表和资产负债表中反映出来的收益和资产数值外，战略损益表更关心员工和用户，这才是企业最宝贵的资产。一个基本的常识是，没有员工和用户的“增值”，就不会有收益和资产的增值。战略损益表恰恰强调的就是“见数更要见人”。在海尔，追求“同用户零距离”和“企业即人”的理念从来没有停留在脑海里、说在口头上，或是印在文件上，而是通过全员对战略损益表的运用，落实在日常管理行动中。

正向推进，逆向切入

前文介绍了战略损益表的四个象限，这四个象限不是孤立的，而是存在正向和逆向的逻辑联系和具体的行动指向。

正向推进。就是按照“一、二、三、四”的顺序来推进工作。第一象限是解决“单”的问题，发现用户价值所在。这个“单”不是拍脑门，简单对标，或者采取销售量和利润的趋势外推得来的，而是通过零距离用户交互形成的。锁定了“单”找“人”，接下来就进入第二象限，就是开放引入一流人力资源、有效组织一流的人力资源去实现“单”，而不是根据“人”来定“单”。“凡事预则立，不预则废。”为了保证能够实现“单”，就要做好“预”的工作，但现实中具有不确定性，有可能出现偏差，如果出现偏差，那么就在第一时间“关差”，提高动态的适应能力，这就是第三象限所要承担的。接下来进入第四象限，就是对“单人酬”的显示和兑现。完成了“高单”就拿高酬；如果没有完成“高单”，那么原因是什么。管理非常重要的一点，就是要做到闭环优化。

逆向切入。就是按照“四、一、二、三、四”进行逆向切入。从第四象限“酬”的情况出发，首先确认这个“酬”是人单酬还是传统意义的职务酬，是按照用户价值分享来确定的酬，还是按照岗位由上级来确定的酬。如果是按用户价值分享“酬”，这里面“单”和“人”是否匹配?“单”的差距在哪里?“人”的差距在哪里? 然后，逆向切入第一象限，进一步从用户零距离交互上思考问题所在，进一步交互出“高单”，然后进入第二、第三、第四象限。

从“正向推进”和“逆向切入”的行动逻辑看，简单讲就是要形成“高单”—“高人”—“高酬”的正反馈，而正反馈的前提就是能够持续引入“高人”，持续引入“负熵”，让外部一流资源可以无障碍地进入。

共赢增值表

共赢增值表是战略损益表的升级。具体包括五个操作步骤：第一步，用户增值；第二步，并联生态圈；第三步，对赌机制；第四步，用户增值分享；第五步，显差关差。这是进入“人单合一2.0”阶段转型行动工具的升级，它是对战略损益表中“目团机”内涵的进一步丰富。

“目”：聚焦用户增值。就是要从商业模式上进行颠覆，锁定引领目标。其中的关键是用户资源的获取，真正为用户创造超值体验，激发用户创客的出现，实现产品预售。

“团”：建设开放的生态圈。通过开放，吸引利益相关方加入生态圈，最终实现共创共赢。

“机”：通过对赌机制，实现利益相关方的事先并联，共担风险，共享利益；通过用户增值分享机制，驱动利益相关方的升级迭代；通过显差关差机制，实现以用户增值为目标转型行动的自演进。

驱动转型新行动。通过应用共赢增值表，平台主、“小微”主以及创客分别在五个方面进行对比，显示自身在转型行动上的差距，并在锚定用户增值的前提下，从战略方向、开放体系和创业机制上去探索转型新行动。

第二节
“日清”：行动的节奏

“日清”体系：五清

“日清”可以说是海尔在管理上的一件“传家宝”，从1986年算起，已经有30个年头了。“日清”这件宝贝从出现到今天并不是一成不变，而是在持续演进的。伴随着人单合一管理实践的探索，“日清”体系不仅完成了信息化的过程，内容也在不断丰富。

“日清”是行动的自觉。海尔的一位高管回忆当年的“日清”，他说：“当时我们就是把工作的目标和工作实际情况记在笔记本上，然后去找目标和实际工作的差距，再关差。大家天天都是这么做的。”到今天，海尔员工在周五都会提交自己的“日清”表，自动进入信息系统。从另外一个角度讲，“日清”就是在帮助和督促员工自己管理自己，自己提升自己。既然是自觉，如果仅仅是学习到了工具和方法，肯定不会产生同样的效果。因为在不自觉中，“日清”就会异化成为记录工作的流水账，成为形式主义。

“日清”的五个层面。“日清”要真正落实，需要做到五个层面的工作（见图7-2）。

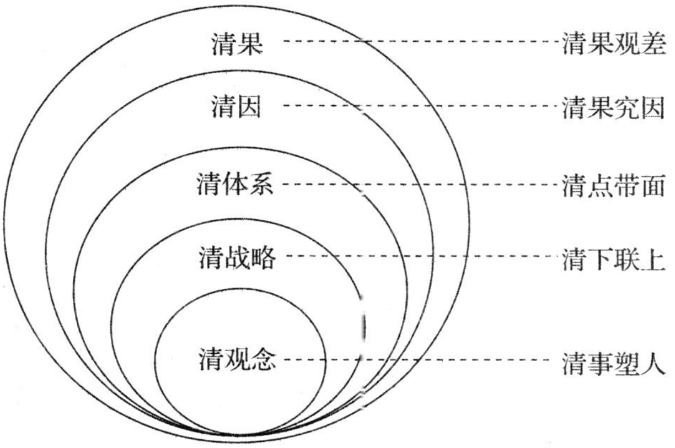

图 7－2　海尔“日清”体系：洋葱模型

资料来源：曹仰峰．海尔转型：人人都是 CEO［M］．北京：中信出版社，2015.

第一个层面是“清果”。就是清理每个人、每天、每项工作的进度和完成情况，找出预期目标和实际情况的差距，找出“差”。

第二个层面是“清因”。就是要找到关差的“原因”，找到解决问题的方案，又称为“清果究因”。“清因”在一定意义上讲，就是海尔对实践中解决问题方案的积累，长期下来就会形成海尔专有的知识。

第三个层面是“清体系”。就是要通过清理出一个点上的问题，从而发现在体系上存在的问题——“清点带面”。实际上，在人单合一管理实践探索中，有很多由点及面的例子。就拿对合一双赢组织的探索而言，由“谁负责”的问题出发，就出现了“自主经营体”，为了解决三级三类经营体的协同，又出现了“纵横连线”。清理“同一目标”和“开放资源”等问题的时候，又带出了利共体。这些“点”上的问题出现，带来了组织结构、业务流程和资源配置机制等体系上的改进。

第四个层面是“清战略”。就是通过清理具体工作，发现在战略层面上存在的问题。时时刻刻反省是否在“做正确的事”。因为如果是在“正确地做事”，却是“正确地做了不正确的事”，结果将南辕北辙。

第五个层面是“清观念”。观念定生死，只有正确的观念才可能产生正确的行动。在海尔的核心价值观中第一条就是“自以为非”，就是要时时刻刻检视自己的观念，以用户为是，以自己为非。实际上，海尔的价值观就是每一个员工检视自己观念的参照系。张瑞敏曾谈道，“日清”的核心问题是认识自己、战胜自己、“日清”自己。

“日清会”

以周为单位的节奏。海尔有一个每周六上午9:30召开的周例会，内部又称“日清会”。这个会议制度已经执行了十多年，是海尔一件雷打不动的事情，已经成为大家的习惯。只要在青岛，张瑞敏都会参加这个会议，就是出差的安排也都是尽量避开这个时间。

有人会说，会议是日常经营管理中最常见的活动了，很多企业都有周例会，为什么还单拿会议说事？还有很多企业都抱怨会议太多，太浪费时间，形式大于内容，并直言很多事情都不是会议上定的。似乎会议在管理中是不值一提，或者是形同虚设的，但是海尔的“日清会”有它特殊的作用。

会议的目的：“日清”。实际上，这个会议更像是案例讨论会。不是空对空、谈感受、表决心的，而是围绕变革中的实际案例展开的。在“日清会”上首先由案例的实践者介绍案例，说明自己的“单”是什么，预期要达到的目标是什么，实际情况又如何，以及如何关差；接着其他参会人员进行提问和讨论，有时案例的实践者会被问得坐立不安，不知如何作答。

张瑞敏和杨绵绵会担当起“老师”的角色，进行提问、点评和引导。通过对案例的讨论，案例的实践者明确自己的“差”是什么？并找到“关差”的路径。这些实际上都是承诺，因为会议上说完了并不等于结束了。接下来，还会对案例进行跟踪，看你是否“说到做到”。“军中无戏言”，都是当着同事做出的承诺，如果不能够兑现，不仅使自己丧失信用，还会进入“调频”机制，加速“关差”的节奏。这里特别需要指出的是，除了“日清”具体案例的“差”之外，更重要的是发现在体系、战略和观念层面的“差”，并及时“关差”。

“日清会”的“场”。海尔的“日清会”有时候火药味儿很浓，有时单从会场的布置就可以感觉到。就拿“小微”的推进而言，其并不是一帆风顺的。这时，会场的布置就进行了调整，一排座位是给达标的“小微”主和平台主坐的，一排是给处在达标边缘的“小微”主和平台主坐的，还有一排是给距离达标还有较大距离的“小微”主和平台主坐的。所以，单从位置就可以清晰地看出大家目前的工作情况。当然，不光是这样带有压力、让人头皮发麻的场景，也有让人感到经验分享后的喜悦和由衷激动的时刻。有一次，当平台主周兆林分享完雷神“小微”案例的时候，参会者感到很有启发，讨论十分激烈，张瑞敏就提议为雷神鼓掌。

“日清会”的注意力：“目团机”与行动。每次会议议题的选择，都是围绕着人单合一管理实践探索中遇到的模式和机制方面的问题展开，而不是东一个主题西一个主题。在管理学上，有关于专门的组织注意力研究认为，组织注意力是一种稀缺的资源。事实上，海尔的周例会就非常珍惜注意力资源，并始终将注意力集中在“目团机”和“典型行动”上。

面向全体员工的“日清会”。在很多企业这样的周例会只有公司的中高层能够参加，而基层管理者和一线员工没有资格参加。但在海尔，有相应的机制，只要一线团队和成员符合条件，都有机会参加周例会进行案例研讨。这样，平台主和“小微”主就可以充分地进行信息沟通和经验分享了。除了现场参与之外，海尔还运用了现场视频手段，保证会议信息在第一时间的传播。

“三位一体”的会后落地。除了有会前的议题选择和案例准备，会中案例介绍、讨论和总结，还有相应的会后管理制度，以保证会议上形成的决议能够被快速有效执行。具体有三大类方式做保障：第一类是集团战略部在会后立即形成会议简报，简报言简意赅，内容包括观念的认识、机制和方法创新以及具体的任务。第二类是企业文化中心根据周例会形成决议，将核心内容、评论和典型案例在《海尔人》上登出，相关的网站、新媒体等沟通途径也同步启动，以保证这些内容在最短的时间内传递到每一位员工。第三类是参会的平台主和“小微”主，在周六下午就召开本部门的内部会议，将会议形成的共识落实到具体的工作之中。这种“三位一体”的会后保障制度，保证了海尔以周为单位进行管理上的“迭代”，而这一坚持就是十多年。

这里有一个小故事分享给大家。海尔“日清会”的这种组织方式得到了很多企业，甚至高校的认同。有一所国内著名高校的校长，他本人也是著名的管理学家，到海尔调研后对这种会议形式赞不绝口，感觉就像是实战版的MBA案例教学，效果很好。回到学校后，他马上进行复制，组织学校领导的“日清会”。可惜的是，没有坚持几次就不了了之了。张瑞敏也坦言，“每年都有许多企业从全国各地到我们这里学习，都认为海尔的“日清”模式很好，但是他们学不来，就是因为太苦了！每天不管大事小事都要“日清”、都要改进，这太累人了。没有几个企业能够坚持下来。”

专栏：行动代表优先权

这是2014年4月，我在周例会上感受到的场景。这次会议上围绕690板块（上海上市公司）的空调“新老线”突破和1169板块（香港上市公司）创建网络平台进行讨论。周例会上杨总的连环发问和点评让人为之一振，大脑开始兴奋，不由在心里为杨总点赞。脑海一直浮现出当时的情景，耳边萦绕着杨总生动形象、朴实见地的话语。现摘录部分记录如下：

万变不离其宗：“目团机”，“小微”要什么？你的目标是不是同用户交互出来的第一竞争力目标？没有同用户交互出来的第一竞争力的“单”就不是“高单”，就是“拍脑门”的“单”，就是“小脑袋”产生的“单，用户交互的“单”是“大脑袋”、“巨脑袋”的“单”。没有“高单”何聚“高人”？何以能够实现“超利分享”？“超利”是机制的重要基础，只有按照这个逻辑才能将“人单酬”紧紧咬在一起。

千里之行始于足下：看行动。美丽的蓝图如何变成现实？每一步都要走实，衔接上，不俯下身子就是空中楼阁，就无法树起“单”。核心模块交互迭代是老线转型的核心，杨总就以空调送风模块为例展开发问，量是多少？供应商在“小微”里并联起来了没有？并联的“单”是什么？是不是有其他“小微”抢这个模块？保证期的问题能不能解决？再有“车小微”，一辆车服务了多少用户？同多少用户进行了交互？形成了多少预定？交互的信息是否同690并联？对于这辆车的好评是多少？没评的又是多少？有多少称得上是粉丝？FU也不是简单地根据教条来评价，要能够引领新老线转型来评价。

样板只有做到细胞层面上，才能够发现“通”还是“不通”。行动之树常青，“高大上”的言语都是浮云。转型是“活的”过程，不是“死的”计划，“死的”变“活的”就是颠覆；产品是“冒出来”的，不是“想出来”的。要做到这一点，唯有脚踏实地地快速行动。行动代表市场第一竞争力的优先权，代表能够“搅局”的优先权。

“三预”：预案、预算、预酬

“日清”的核心：“预”。“日清”体系执行中的核心是“三预”，没有“预”就没有“预实零差”，但“预”从哪里来？“预”的机制又是什么？很多企业的“预”说白了就是“对标”+“趋势外推”，这样的做法对于“跟随者”是适用的，但是对于“引领者”而言，这显然是不够的。同时，从机制上讲，如果还是采取金字塔形机制，自然就只有一条路，自上而下分指标、扛指标。很多时候的“事前算赢”，也就止步于此了。这样的做法往往是路越走越窄，压力越来越大，指标越来越无法实现。最后的“预”也就虚置在那里了。正好应了《孙子兵法》中的那句话：“多算胜，少算不胜。”因为，这样自上而下地分指标，顶多算是“少算”。如何从“少算”到“多算”，就是人单合一管理要解决的问题。

“预” = “用户基础” + “快速迭代”。对于人单合一管理实践而言，就是以同用户零距离持续交互为基础，自上而下与自下而上相结合走出“预”。换句话说，这样的“预”是“用户基础”与“快速迭代”之和，源于用户，又是由用户来进行验证的，并且根据用户的验证能够进行快速迭代。

“三预”具体包括预案、预算和预酬。

预案的核心是“人”。预案通常包括完成用户交互所形成的“单”中所需要的人、措施和行动计划等内容。其中第一位的是“人”，也就是我们常说的要找到合适的人。预案的关键是咬定“单”不放松，用“高单”来吸引“高人”。有人会说，我们吸引不来“高人”。事实上，吸引不来的原因可能有两个：一是你的“单”不是同用户进行零距离交互出来的；二是你没有做到真正的开放，没有真正去寻求“高人”。如果没有咬住“单”，预案就极易异化为根据现有“人”定出的“常规性工作计划”，所谓创新创业的影子是很难看到的。

预算是预案的具体化。海尔预算具有全员、全面预算的特点，是对全体员工、全面工作的全覆盖。海尔在多年的生产管理实践中逐步形成了“161”流程经验，并将这个经验进行更大范围的复制，覆盖各项工作任务。通过“161”流程实现对各项工作任务的全覆盖，将目标和任务落实到具体的人和时间节点，然后进行动态调整。在人单合一管理实践中，“161”的本质是以用户为中心的快速迭代。站在当前的时点上，第一个“1”就是“挂定上周”，对上周的工作做出评估并记录；“6”是指“预计 6 周”，对接下来 6 周的工作或者说用户的“单”做出计划；第二个“1”就是“锁定本周”，明确本周的工作任务。“161”一般在每周周一就做出来了。这是以“周”为单位迭代，这个流程还可以延伸到以“月”为单位的迭代。

根据“161”预算流程和“挂定、预计和锁定”的工作思路，海尔开发了信息化“日清”管理平台，这个信息化平台可以对每个团队、每个员工每天的工作制作一个“日清”表，从而能够对团队及个人的业绩进行记录。记录不是目的，关键是在记录的基础上找到差距，寻求新的突破口，做出迭代。

预酬的核心是超利分享。通过为用户创造价值，实现用户增值，来分享到属于自己的价值。简单来讲，就是举“高单”、聚“高人”、拿“高酬”。预酬机制的一个重要原则是，我的用户我创造、我的增值我分享。当然，在今天的人单合一管理实践中，“酬”的概念已经突破了“薪酬”的边界，延伸至股权的分享；“预”的概念也更加丰富，“对赌”的机制也被应用其中。换句话说，在海尔，只要你有能力，就没有天花板，只有助你加速成长的平台。

在一定程度上讲，管理的核心是激励，激励的核心是“酬”，而“酬”的核心是单酬合一。这个道理非常简单和清晰，但是要做到单酬合一也是人单合一管理的一个难点。

第三节 人单酬：行动的驱动机制

二维点阵

纵横两个维度。横轴是企业价值（如收入、利润、平台交易额和市值等），在横轴上分为 2、4、6、8、10 五个分区，每个分区代表目标在行业中的竞争力。2 区位表示行业水平，4 区位表示行业 1.2 倍水平，6 区位表示行业领先，8 区位表示行业第一，10 区位表示行业引领。即分区越高，说明目标在行业中的竞争力越强。纵轴是网络价值，是实现横轴竞争力的差异化路径和能力，聚焦的不是短期而是长期的持续成长。

纵轴是“因”，横轴是“果”，两者之间是因果关系。通过二维点阵图，能够帮助员工和团队从“果”寻“因”，由“因”定“果”，建立“因”和“果”之间的联系。简单来讲，就是建立能力和结果之间的联系，纵轴的能力决定了横轴的结果，能力和结果要匹配。在管理实践中，存在很多“知其然不知其所以然”的现象，可能会产生短期的业绩，但长期业绩波动很大，而这个问题就是二维点阵图所要寻求突破的。

以雷神“小微”主的二维点阵图输出为例，切入点持续地零距离交互，从而得出“小微”定位：“与用户零距离，吸聚巨量粉丝，打造软硬结合的游戏本生态圈第一品牌！”基于此，在纵轴上就分为四个能力阶段：①利用互联网思维建立零距离交互平台；②聚集巨量粉丝，通过持续交互，以用户需求倒逼产品创新迭代；③杀手级产品；④实现以游戏本为切入，硬件、软件、周边游戏相结合的游戏生态圈。接下来，就是从纵轴到横轴，即纵轴能力支撑的企业价值，如收入和利润等。实际上，通过二维点阵的纵轴和横轴对应关系，雷神找到了从用户价值到企业价值突破的路径，建立了能力和结果的联系。其中，切入点就是真正做到“以用户为中心”，而不是屁股坐在企业中不动（见图7－3）。

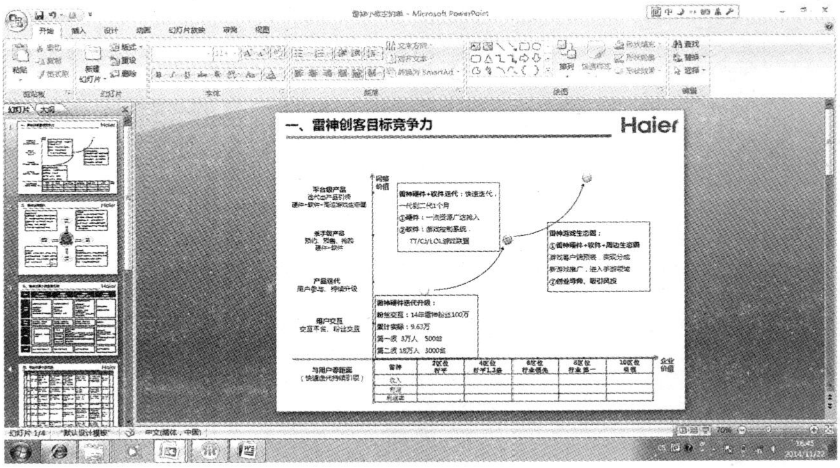

图7－3　雷神“小微”主的二维点阵

单酬合一的桥梁。在人单合一管理实践中，二维点阵上接“单”、下连“酬”。向上承接着对战略损益表第一象限两个维度目标的衡量，向下连接着“酬”——对赌承诺，是简单有效的管理工具。现实操作中，不是为画“二维点阵”而画，关键是要找到纵轴上的突破路径，找到能力提升的方向（见图7－4）。

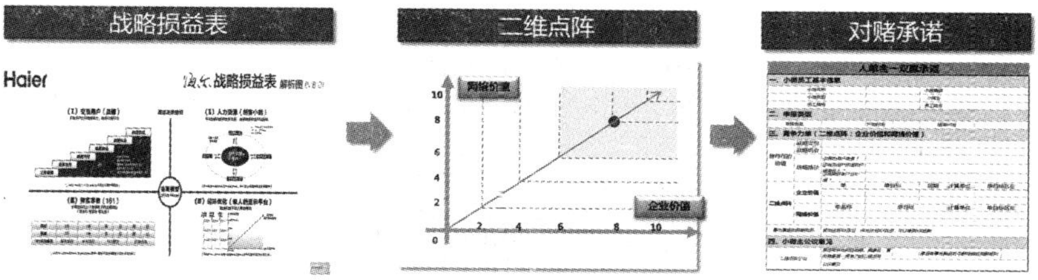

图7－4　战略损益表、二维点阵、对赌承诺关系图

对赌酬

二维点阵的转化。如果二维点阵仅仅是对“单”完成情况的衡量，那么还需为具体的对赌契约和员工承诺。在具体实践中，二维点阵就是转化“小微”对赌契约和“小微”成员的人单合一承诺。在“小微”对赌契约中明确了对赌的单、单目标、单达成时间、单达成对应的对赌分享机制等。“小微”对赌契约明确之后，具体到不同类型的员工，就是人单合一承诺，每个人从不同维度承接二维点阵的纵横轴。“小微”对赌契约和员工人单合一承诺之间的关系是，前者是后者的前提，后者是前者的承接，两者以二维点阵为桥梁，相互验证，互为因果（见图7－5）。

对赌机制的引入。在平台型组织中，平台和“小微”之间是平等的关系，关系的改变带来激励机制的改变。正是在这栏的背景下，海尔引入了对赌机制。“酬”不再是由上级来确定，而是双方进行对赌，体现共创、共赢的原则。可以说，对赌酬又让海尔找到了“单酬合一”的新形式。

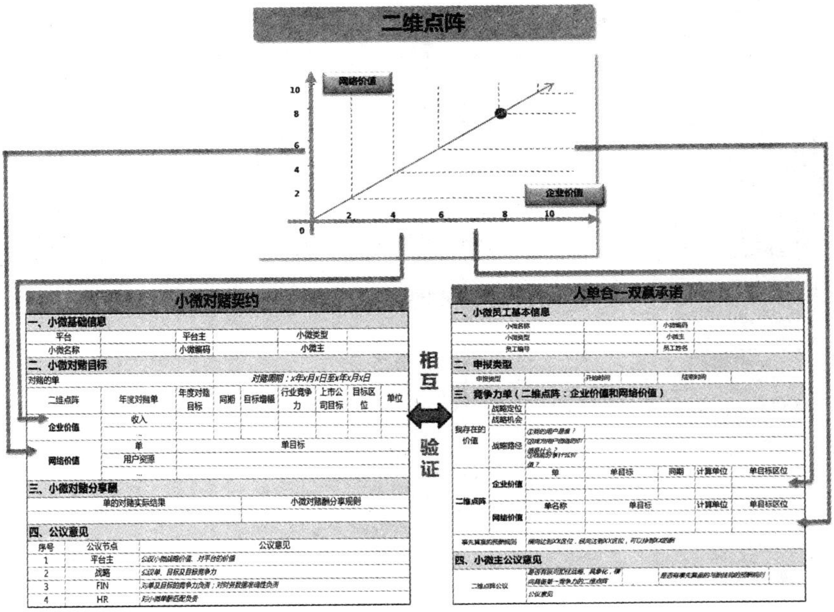

图 7－5　二维点阵的转化

对赌酬具体体现在两个方面：一是资源对赌。以“小微”作为激励分享的主体，平台提供的资源与“小微”创造的价值进行对赌，彼此共创价值，进行约定的对赌分享。当然，资源不是静态配置，伴随着未来价值创造的预期，资源也会动态匹配。例如，在对赌的过程中，根据价值创造的水平，又分为基本酬、对赌拐点酬、对赌超值酬、对赌超利与对赌股权。二是自挣自花。“小微”享有分配及经营的自主权，“小微”成员的薪酬由“小微”按照价值贡献原则自主确定，薪酬的高低与个人承诺的“单”以及个人创造的价值挂钩，而不是固定不变的。因此，激发了员工自主抢单、抢高单预高酬的主动意愿。

本章结论

万变不离其宗——“目团机”。海尔转型的行动地图从战略损益表升级为共赢增值表，其核心是“目团机”，这是海尔人对转型行动的认知框架。在共赢增值表中，“目”指锁定用户增值的目标；“团”指并联的生态圈；“机”指对赌机制、用户增值分享机制和显差关差机制。“目团机”落地就是转型行动，行动之于转型更具优先权。

转型不是运动，而是有节奏的持续行动。在海尔，“日清”是一种行动自觉，已经成为一种习惯。作为组织，转型行动的节奏以“周”为单位展开，以“日清会”的形式持续快速进行迭代。所有的转型都不是一日之功，而是持续行动的结果。

转型是痛苦的，转型行动需要特定的驱动机制。海尔在平台和“小微”之间，引入对赌机制，双方共担风险，共创价值，共享利益。

第八章 生态圈：共创共赢

转型的竞争力从哪里来？

如何打造平台的生态圈竞争力？

如何架构“小微”生态圈？

第一节 生态圈竞争力

价值创造的新内涵

在传统的规模经济模式下，价值创造的含义更多的是在相对固定的产业边界内依靠大规模、低成本的方式为用户创造价值。而在网络经济模式下，企业与用户、企业与企业、企业与员工之间的关系都在发生变化。站在经济范式发生变化的背景下，人单合一管理实践就要对价值创造进行行动上的再定义。

一是从企业自身创造价值到商业生态圈创造价值。未来的商业竞争不只是个体的竞争，而是商业生态和种群竞争。例如，在苹果的商业生态中除了包括核心零部件供应商、组装企业外，还包括应用软件提供者、娱乐产品提供商，以及谷歌、Facebook、Twitter等，是它们共同通过苹果的终端为用户创造价值。同样，在计算机通信行业中“Wintel”种群同“ARM”种群的竞争也从未停止。

二是从静态、单一时空创造价值到动态、跨越时空创造价值。在网络经济范式下，用户的控制欲望空前膨胀，要求随时随地、能够跨越时空、以最省力的办法满足自身的需求。这自然就会要求在产品终端背后还有海量资源，并且能够用最省力的方式实现交互应用。

三是从用户被动接受价值到在主动参与和交互使用中创造价值。用户的自主性要求更加强烈，已经不满足被动地接受价值，而是要在主动参与和交互使用中体验到价值的创造。大数据、智能制造和无线互联等新技术都为用户参与互动提供了条件。

四是从指令型价值创造到学习型价值创造。在传统经济范式下，企业员工习惯了听从管理者的指令完成价值创造活动。但在网络经济模式下，员工本身就是管理者，并将主要通过持续学习，在不断试错中主动发现价值创造之路。

上述四个方面价值创造的新内涵，归结为一点，就是如何进行生态圈价值创造。

生态圈培育的支点

思维突破：演进而非计划。在生态圈培育的过程中，首先需要克服机械论的思维束缚，这种束缚常常会带来“好心办错事”的结果。因为，突破性创新事物的发展不总是既定的和按部就班的。生态圈培育具有演进的特点，而不是完全可以计划的。它的发展一开始是在“设想之中”，但在培育过程中又有很多“意料之外”。面对“意料之外”，重要的是要能够顺应演进的规律，能够转换思维、借力发展，抓住“意料之外”所带来的机遇。这一准则也是美国国防部下属国防高级研究计划局（DARPA）在突破性创新项目管理中所始终坚持的，并因此获得了许多“意料之外”的收获。否则，在我们生活中也就很难见到互联网、GPS和动作感应等技术的应用了。实际上，演进能力的背后是对企业组织小型化、动态随机决策能力和绩效评价提出的新要求。

切入点：持续发现并抓住用户体验。我们看到的结果是英特尔成为平台领导者，也会解释说是其抓住了更快、更便利的用户体验。但是，抓住用户体验的过程是更有趣的，对我们也更有启发。

如果回到当时的情境，我们可以看到 IBM 和惠普都比英特尔更早提出开发 PCI 总线，而且也比它更加财大气粗。同样，对于 USB 的开发，苹果也要更早一些。事实是，这些企业发现更快、更便利的用户体验更早，采取的行动时间也更早，但最终却没有抓住用户体验，原因何在？主要在于思考问题的出发点和利益平衡点。IBM 的基本出发点是自身一体化和既有产品利益的最大化，而英特尔是从用户的计算需求出发，从一个更广阔的计算机行业出发，并发出专注于芯片的承诺，使其他相关主体的利益得到保障。此外，在一开始英特尔举起 PCI 和 USB 的大旗时，并不是应者云集，也是经过了一个利益凸显的过程后，大家才加入进来的。为了加速利益凸显，英特尔甚至还进入了芯片装置领域，以弥补生态圈的短板，实现对用户体验的快速满足。抓住用户体验的过程，本身就是带动并激励行业各主体积极创新的过程，就是行业价值共识和行业发展规范形成的过程。

协同共享：时刻团结一切可以团结的力量。所谓协同，就是从行业架构和发展出发，因时、因势而动，通过共享理念、信息和资源，充分发挥生态圈中各个主体的互补作用，发挥“1+1>2”的协同效应。通俗地讲，就是时刻团结一切可以团结的力量，而不仅仅是单打独斗。

英特尔公司就是协同共享的高手，它从最初众多零部件供应商之一成长为计算机行业的规则制定者和平台领导者，将 IBM、惠普这些巨头抛在了后边。其中，PCI 总线开发和 USB 开发是其商业生态圈培育的两个里程碑事件。通过 PCI 总线开发，英特尔团结了广大中小型计算机制造商和零部件供应商，解决了用户数据传递更快的问题。在 USB 开发中，英特尔又团结了计算机之外的广大设备制造商，使各种各样的设备能够即插即用，解决了用户使用更便利的问题。这两次快速、有效的团结不仅彻底改变了产品架构（从一体化到模块化）和行业格局，而且推动了计算机产业的飞速发展。

生态圈竞争力的来源

任何事物都有两面性。建立一个繁荣的商业生态圈并不保证一定能够为企业创造出竞争优势，一时成功的商业生态圈并不保证能够获得持续的竞争优势。同一体化竞争优势相比，商业生态圈也面临着交易成本、分工有效性、界面模糊、合作松散、风险控制不及时和不确定性等问题的挑战。

现实中，在应用商业生态圈创造价值方面，成功和失败的例子都有。IBM 的开放式计算机平台架构、Nokia 的塞班生态系统，并没有为企业带来持续的竞争优势。相反，苹果、谷歌、ARM 公司都在商业生态圈的应用中获得了竞争优势。尽管这些获得竞争优势的商业生态圈在范围、结构、关系和运作流程上存在差异性，但在一些共性关键环节的把握上这些企业又有着惊人的共性。

一是界定独特价值。只有明确界定出创造何种独特价值增值（例如，功能的价值、快速创新的价值，以及高水平定制化的价值等），才能够吸引合适的合作伙伴，通过它们的互补性资产或知识为用户创造价值。在用户视智能手机为快速消费品的背后，就是由 ARM 作为领导者（移动芯片市场占有率 90% 以上）所构建的，由各种设计者（硅谷合作伙伴）、芯片制造者、终端制造者（包括三星等）和软件服务者组成商业生态圈完成的。

二是架构各方角色，资源共享。作为商业生态圈的领导者或架构者，就像一个“大导演”，并同时在导演“多部戏”。不仅需要吸引正确的、能够传递价值的合作伙伴，还需要实现合作者之间有效的连接和互动，不断创造出新知识，发现增值需求。这就需要对合作者的角色进行架构，在合作者之间形成清晰的界面，创新连接和互动方式。苹果公司在硬件和软件合作方之间就采取了不同的界面构建、连接和互动方式。硬件合作方具有更紧密、固定的联系，软件方面则是更开放和松散的联系。同样，ARM 公司也有其架构方式，知识在不同的主体和界面之间顺畅地流动。

三是协同演进。共同演进是商业生态圈的本质特征之一。在现实商业实践中就是合作方为了共同的价值观，做出互补性的投资，共同创造知识和价值。但现实中又不可能回避高度的不确定性和风险性。如何先迈出第一步？如何进行深度合作？这都是道理上好讲、实践上难做的事情，因为这些事情往往超出了正式契约所能约定的范围。尤其是在面对不确定性、出现失败的情境下，如何促进协同演进、激励互补性投资则是更大的挑战。

于是，价值观认同、路线图、实时沟通和各自"领土"的保障就成为促进合作方进行互补性投资的关键。ARM 公司在撬动移动芯片市场的过程中，不可或缺的是芯片设计、芯片制造、终端制造和软件供应商之间的面向未来的共同投资。实际上，Wintel 商业生态圈之困，苹果硬件和波音 787 飞机商业生态圈之困，也都在于此。对它们而言，尽管表象不同，但结果都是：失去了协同演进就会逐步丧失商业生态圈的竞争优势。

四是规则保障。商业生态圈在一定意义上可以被视为一个复杂的知识共同体，对于知识的测量是最难的一件事情，自然也就不可避免地会出现"搭便车"、道德风险和知识僵化等问题，从而导致交易成本增加和生态圈的僵化。因此就需要特定的规则作保障，增强合作方信任，促进知识交流顺畅，不断发现潜在价值，形成信任的自我强化。规则保障首先要透明，就是说规则是合作方认同的，是透明制定和运行的。其次是声誉机制，就是要在生态圈中形成声誉约束。最后是开放，形成广泛开放资源的获取和互动。

五是共创共赢。现实商业实践中，不乏商业生态圈创造了价值，而架构者或领导企业无法获取价值的例子。在一定程度上讲，信息不对称是获取价值的关键，但是商业生态圈又是倡导信息共享的，这似乎是一对矛盾。如何处理信息的平衡，就成为关键。在界面上应做到信息充分共享，但仍需要保持内在工作为生态圈做出贡献，同时，所有权拥有者借助信息不对称设计自己和合作方的收益机制，实现多方价值的共创和共赢。例如，ARM 公司的收益机制就包括两个层面：一是入门费，设计和芯片制造合作方缴纳一定额度的专利使用费就可以进入这个生态圈，大家进行信息共享；二是在移动智能终端销售时，按照销售数量给它缴纳一定的专利费用。

第二节 并联平台生态圈

内圈平台并联

以用户为中心，实现内圈用户交互、研发、制造和模块平台的并联，改变原来的串联流程（见图 8－1）。

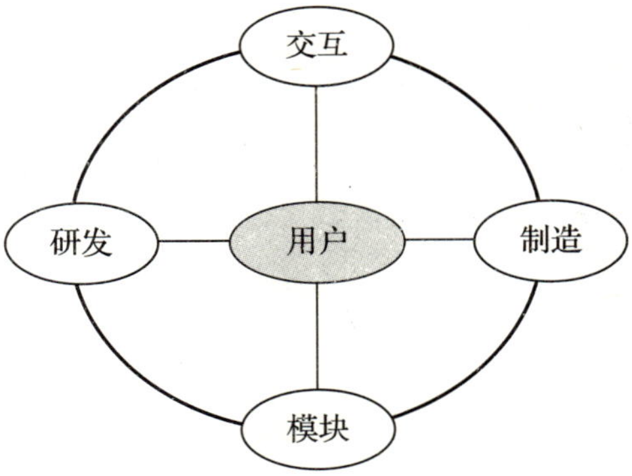

图 8－1　内圈并联平台示意图

用户交互平台。目前，包括“U＋”智慧生活平台和用户交互定制平台。“U＋”智慧生活平台是把物联网、互联网的技术融入人们的现实生活，通过该平台来实现设备与系统平台的互联，密切与用户的互联和交互。例如，天气热时提示用户是否打开空调，根据衣服类型向用户智能化地推荐洗衣液，通过平台发现故障部件以及故障原因，为用户及时提供维修服务。

海尔 2013 年开始陆续为各产品线提供手机端 APP，经过一年多的发展，冰箱、空调、洗衣机和热水器等产品线都互联进入"U+"智慧生活平台。2015 年 4 月，海尔上线了 U+智慧生活手机端 APP。作为智慧生活平台的综合入口，海尔将来会逐步把各产品线的用户入口统一到该平台。此外，"U+"还会将很多第三方品牌的穿戴、安防和健康等多类设备也引入这个平台上（见图 8－2）。用户交互定制平台当前有三种模式，即模块化定制、众创定制和专属定制，未来会探索实现整个"U+"智慧家庭全套方案的定制。

图 8－2 "U+"智慧生活平台

开放创新平台。HOPE 平台是一个连接用户需求和创新资源的开放创新平台，是海尔和全球伙伴交互创新的社区，致力于打造全球资源并联交互的生态圈。通过海尔的开放创新平台，用户和合作伙伴在平台上零距离交互。在 HOPE 平台上，用户和合作伙伴自动交互、聚合，形成不同的交互圈子，如空气圈、食品圈和水圈等。在 HOPE 平台上，将来会存在无数个这样的交互圈子，主动交互创造颠覆体验。目前，HOPE 平台每个月通过交互产生的创意超过 500 个，每年孵化、转化的项目已经超过 200 个。

智能制造平台。智能制造平台利用先进制造、信息处理和人工智能等技术，实现感知、分析、推理、决策、自主学习和维护等自组织、自适应功能。智能制造平台在单台机器的智能化基础上，通过设备互联、设备和产品互联形成具有网络化、协同化功能的智能生产系统。整个海尔智能制造平台围绕三个目标实现引领：一是提高质量、效率，即高品质，生产、资源、能源高效率；二是缩短产品上市时间，即通过互联可视，快速响应用户需求的变化；三是增加灵活性、柔性，即制造柔性化、模式多样化、服务个性化。

模块商资源平台。海达源模块商资源平台的定位是打造一流资源生态圈，让模块商提供引领的模块化解决方案，持续满足用户最佳体验。

外圈资源并联

简单来讲，就是基于交互、研发、制造和模块平台实现外部一流资源的并联，在资源之间能够形成协同共享，释放出资源网络效应（见图8－3）。

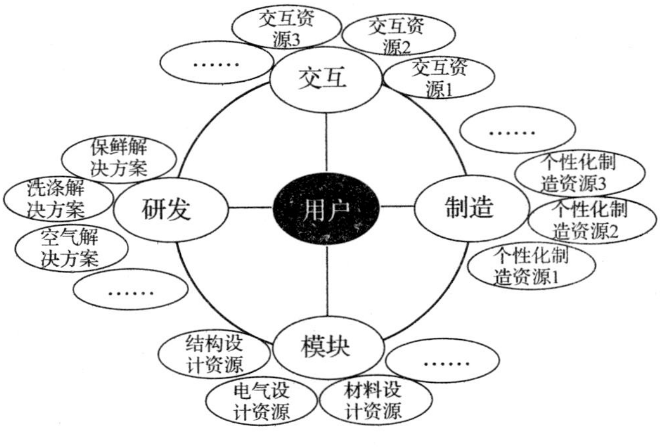

图8－3　外圈资源并联示意图

下面，我们以模块平台为例进行说明。

在传统制造模式下，供应商首先联系海尔的采购部门，再与产品线“小微”联系，是一种串联结构。在互联工厂模式下，成立了海达源模块商资源平台，供应商可以通过海达源模块商资源平台直接与海尔的设计“小微”建立联系，使供应链条缩短，反应速度变快，让更多的供应商参与进来，通过市场化竞争手段，优秀的供应商可以脱颖而出。

海达源模块商资源平台目前包括两大功能：一是各设计“小微”发布需求信息，供应商做出反应。二是供应商发布推送信息，设计“小微”做出选择。例如，在渠道资源超市，供应商发布方案，自动推到产业线、设计“小微”。

该平台实现了三大目标，首先是一流资源无障碍接入动态优化自演进。在海达源目前已经注册了6000家供应商资源，一些规模不大但某方面技术能力强的供应商就在很短的时间内进入了模块商资源平台，成为潜在供应商。拥有技术能力的、有好的解决方案的、能够解决用户抱怨的和提升用户体验的方案可以马上被启用，而原来有一套较完整的审核程序来评估这个供应商，主要是靠人来评，需要6个月左右的评估时间。

其次是相关方利益最大化。海尔会为合作的供应商提供保证，如提出量价对赌方案，这样供应商增强了投入开发的意愿，不再像之前主要是价格竞争，这就实现了利益相关方的利益最大化，调动了供应商的积极性。

最后是实现了动态优化再引进。因为供应商的技术能力以及质量交付保证能力是变动的，可能今天A供应商比较好，明天B供应商会超过A供应商。海尔会动态地评估供应商能力，实现供应商的动态选择，保证供应商有迭代引领方案持续提供给海尔，使用户最终拥有良好的体验（见图8－4）。

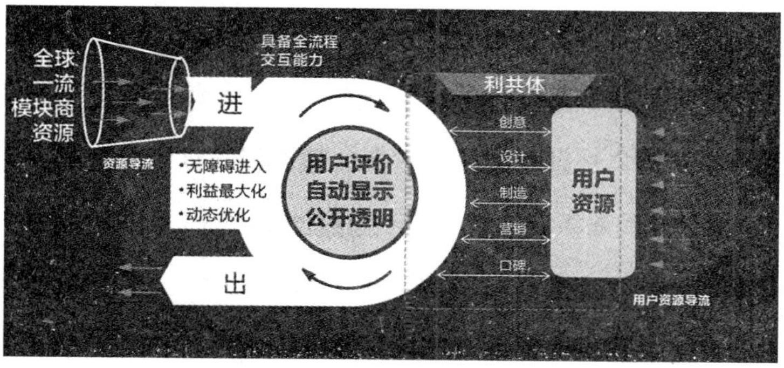

图8－4 模块平台运行示意图

西卡公司原来主要为汽车行业提供车窗玻璃的焊接工艺，其客户包括大众、宝马，但没有家电行业的供货经验。通过海尔互联工厂无障碍的模块商资源平台，西卡公司进入海尔的供应商体系，提供了一套整合方案以及工艺方案，解决了海尔冰箱玻璃前门胶带粘接效果不好的问题。

在新的模式下，海尔与供应商由单纯的买卖关系转变为共创共享的利益共同体，由采购零件转变为交互模块化引领方案，由内部评价转变为用户评价，共同面向用户，创造用户价值。采购流程也由原来的串联流程转变为自注册、自抢单、自交互、自交易、自交付、自优化的并联流程。

内外圈融合：共创共赢

海尔将内外的资源融合起来，形成了一个智能制造的生态圈。海尔与供应商已经超越了零和博弈，从买卖关系转化为共创共赢的合作伙伴。用户、“小微”、供应商和外部创新者，在海尔的平台上围绕着需求自由交互、自行聚散。企业边界不再重要，不论“小微”、平台还是供应商，获得收益的唯一方法就是围绕用户需求进行产品和服务创新。在人单合一管理实践中，以海尔的智能制造能力为承接，通过整个生态圈协同共享的方式，实现价值的共创共赢。

更高、更深、更紧、更广的融合。一是更高，就是在更高层次上接入外部资源。

二是更深，就是在更深层次上提升内部资源，使自身成为一个利益相关方能够便利接入、具有网络放大效应的平台。内部资源的战略性更多体现在互补性、动态性和持续吸引力上。

三是更紧，就是在更紧密层次上促进目标动态优化。在开放的生态圈背景下，企业目标制定超越了企业边界，目标形成机制也发生了变化。即从单方设定目标转变成为多方共同形成目标，从静态目标转化成为动态优化目标，从内部资源出发制定目标转化为从生态圈资源出发制定目标。实际上，目标的动态优化既体现了利益相关方之间协同演进的过程，也是“生态圈”概念中“生”字在目标层面的表达。

四是更广，就是在更广层面上思考企业平台架构。在广义背景下，外部资源不仅包括上游的供应商、下游市场服务商、终端用户、中介商等，还包括政府规制资源（如技术标准、质量标准、行业规则等）。换句话说，就是从产业架构和企业平台架构互动的角度，更有效地界定产业范围和规则，更有效地进行自身的角色选择、能力布局和业务边界界定。

第三节 “小微”生态圈

打造一个“一站式”游戏体验平台，是雷神为自己制定的战略目标。一个创业不到两年的“小微”，凭什么敢于构建一个跨行业的生态圈？一个硬件出身的团队，又要如何搭起这个软硬结合的平台？

架构的逻辑：以用户体验为中心

雷神架构游戏生态圈的最基本逻辑，就是将用户置于生态圈的核心位置。通过手中掌握的高“纯度”的用户资源，吸引一流资源进入生态圈，并通过资源之间的融合，共同打造提升用户体验的生态圈能力。整个生态圈的架构，不但是以用户资源驱动的，最终也要服务于用户资源的提升。

精准释放用户资源价值。雷神最具备竞争力的资源，是它的用户群体。目前，雷神已经拥有大约20万的购买用户，另外还有200多万的游戏粉丝。这是一项高“纯度”的用户资源，100%由游戏玩家组成，困扰很多游戏公司的转化率过低的问题，在雷神这里是不存在的。以雷神目前的能力，是无法完全释放用户资源的潜在价值的。构建生态圈，吸引游戏、电竞等方面的“软”资源进入，将能够更好地利用这些用户资源。对用户需求良好的感知和理解能力，保证了雷神在选择资源进行合作时，能够精准地实现资源与用户需求的对接。通过构建生态圈，雷神将能够更全面也更精准地释放用户资源的价值。雷神生态圈如图8－5所示。

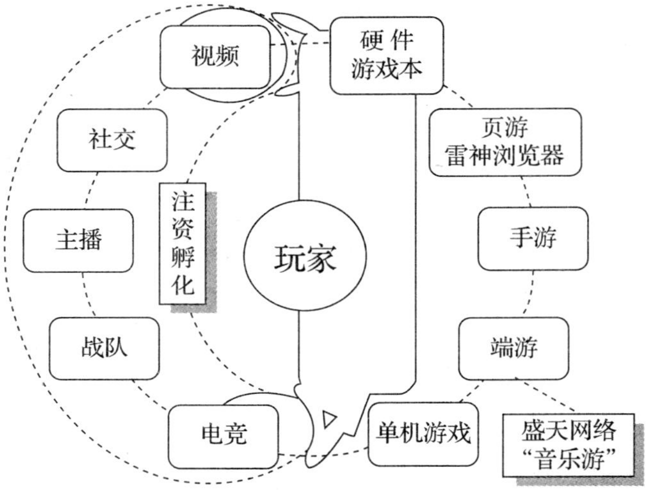

图8－5 雷神生态圈

咬定用户游戏体验不放松。雷神构建生态圈的目的，在于提供优质的“一站式”游戏体验。获得好的游戏体验是用户最大的需求，也就是雷神最核心的目标。广义的游戏产业如今正在加速成长，巨大的市场潜力意味着竞争将日趋激烈。留住老用户、吸引新用户的法宝，最终只能是游戏体验。

吸引一流资源，实现快速融合。雷神希望提供给用户的不只是基于硬件设备的使用体验，还包括基于软件的游戏体验，以及与游戏相关的内容服务。只依靠雷神自身的力量当然无法实现全面覆盖，因此需要引入具备互补能力和资源的合作者。“小微”主路凯林表示，只有具备所处领域一流水准的资源方，才能进入雷神生态圈。一方面，资源方的水平关系到相关的游戏体验的水平，一流的资源是提供一流游戏体验的保证；另一方面，只有对自身业务足够精通，才有可能在进入生态圈之后实现快速的学习和融合，才能够与生态圈中的其他资源方共同成长。

多元构成

构建一个通过创新来创造价值的生态圈，有三种角色是必不可少的。

第一种角色是生态圈的领导，或者说焦点企业。焦点企业通过整合和协同，将生态圈中各合作伙伴的知识、能力和努力集成解决方案，并以最终产品的形式提供给用户。

第二种角色一般称为合成者。合成者的产出将作为焦点企业的投入，最终被整合进产品之中。例如，雷神笔记本的硬件供应商，以及与雷神共同进行软件开发的企业等。

第三种角色被称为互补者。他们的产品可以独立存在而不是被整合进焦点企业的产品之中。互补者的产品特点在于能够帮助用户最大限度地利用焦点企业的产品，并从中受益。在雷神的生态圈设计中，电商渠道、游戏厂商、独立的软件公司、电竞比赛和游戏主播等都属于互补者的范畴。缺少互补者，并不会破坏雷神产品的性能，但是将使用户的游戏体验有所缺失。

原有的硬件生态圈，事实上只集成了雷神和合成者企业，以及电商渠道这唯一的互补者，能够提供完整的产品，却不能提供完整的体验。补足角色的缺失，雷神将能够实现生态圈的闭环，真正获得提供完整游戏体验的能力。

生生不息

以交互创造价值。通过交互促进产品开发和提升用户体验，一直是雷神的拿手好戏，即将落地的雷神生态圈将把这种能力提升到一个新的高度。原来的雷神，或者是同用户交互，或者是同供应商沟通，这种对话往往只有两方参与。即使在911系列的开发中，雷神将用户意见引入研发流程，并改变了传统的产品流程，但事实上雷神一直在扮演传声筒的角色。通过生态圈的构建，将有更多的资源方能够直接与用户进行交互，直接理解用户需求。通过全生态圈与用户的零距离交互，雷神将能够以更具效率、更加创新的方式提升用户体验，实现价值共创。

激活网络效应。网络效应是平台和生态系统的核心特征，既包括所谓的同边效应，也包括双边效应。雷神游戏生态圈提供的游戏体验，将通过用户间的口碑传播，逐渐积累并扩大对用户的吸引力。这种用户规模的增长不是线性的，而是在达到某个点之后呈现出指数级爆发。同样地，在资源方之间也存在着这种同边效应。另外，更多的用户将会吸引更多、更好的资源进入生态圈，更好的资源意味着更好的体验，将进一步吸引用户的进入，形成一个生生不息的正向循环。当然，这一切的前提是用户体验的提升。

共同治理

生态圈的强大之处在于能够突破单一企业无法突破的创新挑战，提供具备更高价值的产品。相应地，生态圈的价值创造模式也有着重大的风险，合作伙伴之间在对目标和路径的理解上必须高度一致、相互信任，才能真正发挥生态圈的优势。因此，要想通过构筑生态圈来提供完整的游戏体验，雷神必须设计一套有效的治理机制。

要构筑生态圈，首先要有足够的参与者和资源。在不具备知名度、网络效应尚未激活的起步阶段，如何将更多的资源链接进入生态圈？目前雷神采取的主要方式是以投资方作为桥梁，借助投资方的关系网络进行资源和合作伙伴的搜寻。虽然这种方式能够扩展的搜索范围不是很大，但好处在于有着相互信任的基础。例如，武汉盛天公司就是由于和雷神拥有共同的投资方而进入了雷神的搜寻范围，并最终与雷神达成合作开发软件产品的协议。盛天更进一步提出对雷神进行投资，使双方关系更加紧密。

投资方也不可能找到所有的资源。正在快速兴起的游戏产业之中，有很多业务整体还处于创业阶段，没有领先企业，也没有成熟案例。对于游戏直播、电竞比赛等业务，投资方无法帮助雷神链接资源，市场上也很难找到具备较强能力的潜在合作伙伴。在这种情况下，雷神选择通过投资的方式，扶持相关的创业项目，利用手中现有的用户和渠道资源，以“小微”的身份开始孵化“小小微”。

以资本绑定建立信任，以信任促进沟通，以沟通实现协同共享、共创共赢，这就是雷神目前的生态圈相关方共同治理机制的基本框架。

本章结论

转型是价值创造和获取方式的改变。在移动互联时代，价值创造和获取方式在发生着变化，只有转型才能够适应这种变化。获得生态圈竞争优势的关键是用户价值增值、利益相关方资源的协同共享、信任的保障以及价值的共创共赢。

打造平台生态圈竞争力的行动包括三个方面：首先是以用户为中心的内圈平台的并联，其次是外圈资源的并联，最后是要实现内外圈融合。

“小微”生态圈的生命力在于牢牢抓住了用户体验这个中心。以此为基点，才能吸引利益相关方融入，释放网络效应，实现价值的共创共赢。

后 记

一个好的研究对象对于研究者是最珍贵和难得的。我从 2012 年 9 月开始了对海尔的参与式研究。在这里，我首先要对海尔集团的大力支持表示衷心的感谢。是海尔的信任，让我有机会参加海尔集团的周例会和现场会，能够开展相关调研和座谈，对企业管理实践进行持续跟踪研究。这段参与式研究的经历，让我亲身感受到海尔转型的艰辛、勇气和自信，见证了“平台”、“生态圈”、“互联网企业”、“创客”这一个个概念变成具体的管理实践。

这是一场史无前例的转型。海尔转型涉及 8 万多人，从一个传统制造业企业转变成互联网企业，无论从规模和难度上看，这在人类管理历史进程中是不曾有过的。事实上，海尔转型的意义已经超越了自身的边界和国界，延伸到全球供应商、研发资源、用户和创业者等利益相关体，成为新工业革命背景下生产组织方式和社会转型的一部分。

无疑，能够亲历这场转型是幸运和令人骄傲的。在这里，仅仅表示对海尔人的谢意是不够的，我要对海尔人的转型实践致以最崇高的敬意。因为，是他们的实践开启了新工业革命背景下管理的新范式和新行动，是他们的实践让理论研究变得更加鲜活、生动和富有生命力。

记得，《管理百年》的作者、世界管理学界的奥斯卡——Thinkers 50 论坛的发起人克雷纳曾经问张瑞敏：“为什么您不将海尔实践写成一本书?”张瑞敏的回答是：“做好企业就是我要写的一本书。”我当时的感受是，行是知之始、知为行之成，实践出真知。

本书的创意始于 2012 年，初稿形成于 2015 年 9 月。在 2015 年 9 月 19 日海尔

“人单合一”十周年全球论坛上，以预读本的形式提供给参会者，供大家批评指正。同用户零距离是“人单合一”的核心要义，自然这本书也要力争做到“人单合一”，以开放心态同大家进行交互，共同锤炼、不断迭代。

会后，我将书稿送给中国工程院李京文院士、美国亚利桑那州立大学徐淑英教授、斯坦福大学王捷教授、瑞典斯德哥尔摩大学房晓辉教授、中国社会科学院沈志渔研究员、北京大学张国有教授、武常岐教授、中国人民大学徐二明教授和宋继文教授、清华大学杨德林教授、朱武祥教授、柴跃廷教授、李东红教授、南京大学陈传明教授、复旦大学刘杰教授、厦门大学沈维涛教授、上海国家会计学院李扣庆教授、东北财经大学高良谋教授、天津财经大学于立教授、江西财经大学胡宇辰教授、湖南大学雷辉教授、山西财经大学杨俊青教授、中央财经大学崔新健教授、对外经贸大学王永贵教授、北京邮电大学金永生教授、首都经贸大学郑海航教授和徐炜教授、东华大学孙明贵教授、北京印刷学院王关义教授、北方工业大学童泽林教授、上海外国语大学范徵教授、南京理工大学周小虎教授、广西大学陆善勇教授、新疆财经大学龚海涛教授、西安理工大学党兴华教授、北京师范大学魏成龙教授、河南大学王性玉教授、辽宁大学潘一山教授、刘力钢教授，请大家提出批评意见。随后，根据大家的建议，对书稿进行了修改和完善。在这里，我对大家的支持致以深深的谢意。

感谢我的同事黄速建研究员、黄群慧研究员、刘湘丽研究员、张小宁研究员、赵剑波博士、肖红军博士、贺俊博士、邓洲博士、黄阳华博士、江鸿博士、王涛博士、蒙娃女士对本研究提供的支持和帮助。

感谢我的同行李东红、纪雪洪、童泽林、赵晨、高中华、杜德斌，感谢我的学生张寉、尚潇阳、于涛、张良友，他们对本研究给予了长期关注和支持，同他们的交流带给我无数思想的火花。

感谢我的妻子王雯，她是书稿的第一位读者和批评者。感谢小儿泽朴，在写作之余，带给了我无尽的欢乐。感谢我的父母，他们的帮助使我能够有充足的时间进行调研和写作。

实践之树常青。海尔的转型实践在以“周”的节奏持续迭代，而且越来越多的“海尔型”企业正在加速涌现，“人单合一’实践变得更加丰富多彩。本书在出版之时，就意味着已经成为“过去时”。未来不在远方，而是当下的行动。“人单合一”无止境，我将对更多“人单合一”实践进行跟踪研究，对本书进行持续迭代升级。迭代升级的实时详情，大家可以关注微信公众号：edoers，期望这里成为转型行动者的营地，大家能够进行实践的交流和思想的碰撞。

本书写作过程中，参阅了大量国内外相关资料，并在文中和参考文献中注明引用的出处，在对引文作者表示谢意的同时，也对个别未标明出处的引文作者致歉，如发现此类问题，敬祈与我取得联系，以便再版时予以补充。

王　钦

2016 年 5 月

联系方式：wangqin@ cass. org. cn

edoers 二维码

参考文献

［1］周叔莲，阎建蜀．论企业家精神［M］．北京：经济管理出版社，1989.

［2］新华社．1 月 24 日：邓小平视察深圳、珠海、厦门 3 个经济特区［EB/OL］．http://www.forestry.gov.cn/main/2428/content-655056.html.

［3］环球家电网．欧睿国际：海尔连续 7 年蝉联全球第一［EB/OL］．http://xj.cnr.cn/2014xjfw/2014hy/20160118/t20160118_521163378.shtml.

［4］（美）克莱顿·克里斯坦森．创新者的窘境（第 5 版）［M］北京：中信出版社，2014.

［5］王钦．新工业革命背景下的管理变革：影响、反思和展望［J］．经济管理，2014（12）.

［6］Rifkin，Jeremy．The Third Industrial Revolution：How Lateral Power is Transforming Energy，the Economy & the World［M］．Palgrave Macmillan，2011.

［7］Wadhwa，Vivek．Why It's China's Turn to Worry about Manufacturing［N］．Washington Post，2012.

［8］（美）拉里·唐斯，保罗·纽恩斯．大爆炸式创新［M］．杭州：浙江人民出版社，2014.

［9］（美）迈克尔·波特．竞争战略（第 4 版）［M］．北京：华夏出版社，2005.

［10］（美）克里斯·阿吉里斯．组织学习（第 2 版）［M］．北京：中国人民大学出版社，2004.

［11］（美）加里·哈默，普拉·哈拉德．竞争大未来［M］．北京：昆仑出版社，1998.

［12］（美）加里·哈默．终极竞争：占领赢得未来的制高点［M］．北京：中国电力出版社，2013.

［13］（美）克里斯·安德森．创客：新工业革命［M］．北京：中信出版社，2015.

［14］（美）斯蒂芬·P．罗宾斯，玛丽·库尔特．管理学（第 11 版）［M］．北京：中国人民大学出版社，2012.

［15］（美）安德鲁·P．麦卡菲．企业 2.0：企业社会化协作趋势与工具［M］．北京：机械工业出版社，2011.

［16］张瑞敏．海尔模式就是"人单合一"［J］．中外管理，2005（11）.

［17］金融时报．海尔名列"FT 中国十大世界级品牌"榜首［EB/OL］．（2005-08-30）．http://www.ftchinese.com/story/001000610.

［18］王钦．海尔新模式：互联网转型的行动路线图［M］．北京：中信出版社，2015.

［19］（德）黑格尔．小逻辑［M］．北京：三联书店，1957.

［20］曹仰峰．海尔转型：人人都是 CEO［M］．北京：中信出版社，2015.

［21］海尔人，2011-06-08，第 991 期第 2 版.

［22］胡泳，郝亚洲．海尔创新史话 30 年：1984-2014［M］．北京：机械工业出版社，2015.

[23]（美）弗雷德里克·温斯洛·泰勒. 科学管理原理［M］. 上海：上海科学技术出版社，1982.
[24]（美）切斯特·I. 巴纳德. 经理的职能（第5版）［M］. 北京：北京理工大学出版社，2014.
[25]（美）乔治·梅奥. 工业文明的人类问题［M］. 北京：电子工业出版社，2013.
[26]（美）亚伯拉罕·马斯洛. 马斯洛论管理［M］. 北京：机械工业出版社，2013.
[27]（美）彼得·德鲁克. 管理的实践（第4版）［M］. 北京：机械工业出版社，2006.
[28]（美）艾尔弗雷德·D. 钱德勒. 战略与结构［M］. 昆明：云南人民出版社，2002.
[29]（美）伊戈尔·安索夫. 新公司战略［M］. 成都：西南财经大学出版社，2009.
[30] Erik Brynjolfsson，Mcafee. The Second Machine Age：Work，Progress & Prosperity in a Time of Brilliant Technologies［M］. Norton & Company，2014.
[31]（英）斯图尔特·克雷纳. 管理百年：20世纪管理思想与实践的批判性回顾［M］. 海口：海南出版社，2003.
[32]（日）野中郁次郎，竹内弘高. 创造知识的企业：日美企业持续创新的动力［M］. 北京：知识产权出版社，2006.
[33] 张瑞敏. 在海尔29周年纪念会上的讲话. 2013－12－26.
[34] Bresman H. Change Routines：A Process Model of Vicarious Group Learning in Pharmaceutical R&D［J］. Academy of Management Journal，2013，56（1）.
[35]（西）西蒙·多伦等. 价值观管理——21世纪企业生存之道［M］. 北京：中国人民大学出版社，2009.
[36]（加）亨利·明茨伯格. 管理工作的本质［M］. 北京：中国人民大学出版社，2012.
[37]（加）亨利·明茨伯格. 卓有成效的组织［M］. 北京：中国人民大学出版社，2012.
[38] 海尔人，2015－08－12，第1209期.
[39]（美）彼得·戴曼迪斯，史蒂芬·科特勒. 创业无畏：指数级成长路线图［M］. 杭州：浙江人民出版社，2015.
[40]（奥）埃尔温·薛定谔. 生命是什么［M］. 长沙：湖南科学技术出版社，2014.
[41]（比）普利高津. 确定性的终结：时间、混沌与新自然法则［M］. 上海：上海科技教育出版社，1998.
[42] 海尔集团. 海尔的全球开放创新生态系统［EB/OL］.（2015－08－10）. http://www.haier.net/cn/open_ innovation/shengTai/.
[43]（美）亨利·切斯布鲁夫. 开放式创新：进行技术创新并从中赢利的新规则［M］. 北京：清华大学出版社，2005.
[44]（美）比尔·费尔舍，（意）翁贝托·拉戈，刘方. 海尔再造：互联网时代的自我颠覆［M］. 北京：中信出版社，2015.
[45] 张瑞敏. 海尔是海：张瑞敏随笔选录［M］. 北京：机械工业出版社，2015.
[46]（日）木村资生. 从遗传学看人类的未来［M］. 北京：科学出版社，1985.
[47] Jain A.，Kogut B. Memory and Organizational Evolvability in a Neutral Landscape［J］. Organization Science，2014，25（2）.
[48]（加）亨利·明茨伯格. 管理至简：以实践为根基实现简单、自然、有效的管理［M］. 北京：机械工业出版社，2014.

[49] Teece D. Explicating Dynamic Capabilities: The Nature and Microfoundations of (Sustainable) Enterprise Performance [J]. Strategic Management Journal, 2007.
[50] 陈增林. 超跑风范：雷神 911 游戏笔记本电脑 [J]. 微型计算机，2014 (25).
[51] 路凯琳. 雷神崛起的九条颠覆性真经 [J]. 中外管理，2016 (5).
[52] 陈威如，王诗一. 平台转型：企业再创巅峰的自我革命 [M]. 北京：中信出版社，2016.
[53] 陈威如，余卓轩. 平台战略：正在席卷全球的商业模式革命 [M]. 北京：中信出版社，2013.
[54] 海尔人，2015-07-29，第 1027 期.
[55] Nonaka I., Kodama M. et al. Dynamic Fractal organizations for Promoting Knowledge-based Transformation—A New Paradigm for Organizational Theory [J]. European Management Journal, 2014 (32).
[56] 张瑞敏. 互联网工业变革之路的海尔实践 [EB/OL]. (2015-10-16). http://www.haier.net/cn/about_haier/ceo/ceo_speech/201510/t20151016_288298.shtml.
[57] (美) 彼得·德鲁克. 21 世纪的管理挑战 [M]. 北京：机械工业出版社，2006.
[58] (美) 彼得·德鲁克. 卓有成效的管理者 [M]. 北京：机械工业出版社，2005.
[59] 海尔企业文化中心. 海尔品牌之路 [M]. 青岛：青岛出版社，2005.
[60] (美) 詹姆斯·弗·穆尔. 竞争的衰亡：商业生态系统时代的领导与战略 [M]. 北京：北京出版社，1999.
[61] (美) 马尔科·扬西蒂，罗伊·莱维恩. 共赢：商业生态系统对企业战略、创新和可持续性的影响 [M]. 北京：商务印书馆，2006.
[62] 王钦. 共享管理：管理新范式、新行动 [J]. 清华管理评论，2015 (4).
[63] 陈劲. 智慧聚展：企业基于商业和创新生态体系的战略 [M]. 杭州：浙江大学出版社，2015.
[64] (美) 罗宾·蔡斯. 共享经济：重构未来商业模式 [M]. 杭州：浙江人民出版社，2015.
[65] (美) 迈克尔·马隆. 三位一体：英特尔传奇 [M]. 杭州：浙江人民出版社，2015.